老字号

品牌真实性、作用机理及其营销策略研究

徐 伟/著

LAOZIHAO
PINPAI ZHENSHIXING
ZUOYONG JILI
JIQI YINGXIAO CELUE YANJIU

中国财经出版传媒集团

经济科学出版社
Economic Science Press

图书在版编目（CIP）数据

老字号品牌真实性、作用机理及其营销策略研究/徐伟著.
—北京：经济科学出版社，2017.3
ISBN 978 - 7 - 5141 - 7902 - 6

Ⅰ.①老…　Ⅱ.①徐…　Ⅲ.①老字号 - 品牌 - 企业管理 -
研究 - 中国　Ⅳ.①F279.24

中国版本图书馆 CIP 数据核字（2017）第 055715 号

责任编辑：杜　鹏　刘　瑾
责任校对：刘　昕
责任印制：邱　天

老字号品牌真实性、作用机理及其营销策略研究

徐　伟/著

经济科学出版社出版、发行　新华书店经销

社址：北京市海淀区阜成路甲 28 号　邮编：100142

总编部电话：010 - 88191217　发行部电话：010 - 88191522

网址：www. esp. com. cn

电子邮件：esp_bj@ 163. com

天猫网店：经济科学出版社旗舰店

网址：http://jjkxcbs. tmall. com

北京季蜂印刷有限公司印装

710×1000　16 开　11.75 印张　190000 字

2017 年 3 月第 1 版　2017 年 3 月第 1 次印刷

ISBN 978 - 7 - 5141 - 7902 - 6　定价：45.00 元

前　　言

　　在商业过度化和虚假泛滥的后现代市场中，消费者需求可信赖的、诚实的和可靠的品牌。但企业虚假的商业活动，加剧了消费者对企业及其品牌的质疑和不信任。于是，越来越多的消费者开始转向寻求品牌的真实性，它们被视为创造品牌信誉和信任的新手段以及企业获取竞争优势的关键来源和品牌成功的灵丹妙药。真实性已成为当代生活的重要内容，是亚文化和社群等消费情境下消费角色的核心，也是最近几十年国内外研究的焦点，对它的研究已从社会学、旅游学扩展到营销学尤其近五年扩展到品牌领域。但作为营销领域研究的前沿，诸多学者只是基于各自的研究背景和研究目的权宜性地探讨真实性问题，对品牌真实性的研究也是"仁者见仁，智者见智"。

　　老字号是我国优秀的商品文化遗产，它们拥有传承的产品或工艺。但由于老字号企业及其产品无法适应日益变化的目标市场需求，加之企业品牌传播不利，诸多老字号不可避免地陷入老化的困境。为此，国家有关部门和地方政府陆续出台相应政策以保护和促进老字号健康、稳定发展，国内外学者也从理论上关注和探讨老字号的长期品牌管理问题。长期品牌管理包括品牌的激活和强化，即通过改变品牌知识还是传递品牌一致性的意义来提升品牌资产。它们的分歧主要体现在产品/服务、目标市场和营销沟通等方面"传承和创新"、"变与不变"要素的选择上。强化是保持老字号的"老"，激活是改变"老"，但老字号若不传承将会失去"老"，不创新"老"又会被年轻人抛弃。如何解决老字号传承和创新的矛盾？已有学者开始从真实性的视角试图解决这一问题。

　　真实性问题涉及的就是象征和内涵，老字号则是典型的"真实性蓄水池"，真实性成为其成功的核心元素之一。因此，挖掘老字号的真实性，将有助于塑造老字号独特的品牌身份，唤起回忆，延续消费者与老字号之间的情感联系和忠诚关系，为解决老字号老化问题提供崭新的思路。但是，老字号的真实性是什么？如何挖掘老字号的真实性？蕴含真实性的老字号能否影响消费者对老字号的个性感知？这能否得到消费者的认同？它对消费者的态度和行为会产生什么影响？这些都是利用真实性理论解决老字号老化问题中亟待解决的理论问题。但遗憾的是，已有品牌真实性的研究尚未关注这一问题。

本书研究的目的是：理论上，界定老字号真实性的内涵，并进一步揭示真实性影响消费者态度和行为意向的作用机理；实践上，为老字号长期品牌管理提供新的思路。为此，本书研究分别从以下几个方面逐步展开论证。

首先，对品牌真实性和老字号老化问题的现有研究做了系统的文献梳理，发现品牌真实性理论方面缺乏与消费者行为研究的联结，进而找出老字号在老化背景下长期品牌管理研究的缺口，并提出老字号真实性的研究问题。然后，在研究目标上，通过社会建构和社会认同理论为研究老字号真实性问题提供理论基础。

其次，在深度访谈数据和前期相关文献的基础上，利用扎根理论方法提炼、概括和界定了老字号真实性的概念，将其界定为消费者对老字号纯正性的主观评价，而纯正是指老字号的形象与其传承、怀旧、文化象征、工艺、质量承诺、设计一致等传统要素的一致，它有客观真实、建构真实和自我真实三种形式，并阐释了其原物主导、社会情景驱动和非商业性三大特征。

然后，在老字号概念研究的基础上，采用自行编制分类问卷的形式收集老字号真实性调研数据，选择上市公司老字号品牌作为研究品牌，利用SPSS14.0 和 AMOS4.0 软件进行探索性因子分析，从而建构出包含客观真实、建构真实和自我真实的 3 维度 16 指标的老字号真实性量表，这量化了真实性的评价，为后续真实性的实证研究提供了理论基础。

同时，在深度访谈和文献回顾的基础上自行编制老字号个性问卷，选择上市公司老字号品牌作为调研品牌收集消费者个性感知数据，通过探索性和验证性因子分析，构建出包含"雅"、"智"、"德"、"淳"、"古"的老字号个性量表，为老字号真实性影响机理的构建提供符合中国文化背景的变量测量。

再次，本书将品牌个性、品牌认同和行为意向作为消费者态度和行为意向变量，在前期访谈和文献回顾的基础上，构建了能够反映老字号真实性影响消费者态度和行为意向的初始概念模型，并针对性地提出了相关假设。随后，编制系列问卷，通过预调研修正问卷，在上海、北京、西安、安徽部分城市随即收集问卷数据，验证理论模型及其假设，其结果直接影响本书研究的理论和实践价值。部分研究结果显示，老字号客观真实性正向影响消费者的个性感知和品牌认同，却降低了消费者的购买意向；建构真实性增加了消费者的个性感知，刺激了消费者的购买意向；自我真实有助于提升消费者的购买意向。

最后，本书真实性研究结论，从企业和政府角度提出了老字号长期品牌管理的部分建议。研究建议，从企业角度应：①传承客观真实性要素，如明确、挖掘、传播和推广老字号的客观真实性要素；②创新建构真实性要素，如明确并挖掘老字号文化，重视老字号传统文化的创新；③激活自我真实性要素，如挖掘和传播老字号个人怀旧要素，诉求关系元素并强化个人的社会归属。从政府角度应：①完善老字号认证体系，引导老字号健康发展；②建立老字号保护体系，优化老字号发展方向，如保护老字号知识产权，将老字号纳入城市规划，加强老字号社会宣传等；③优化老字号促进体系，提升老字号的市场关注。当然，本书研究也存在诸多不足，如调研对象和调研品牌的选择性问题，探讨消费者真实性感知中深度访谈的限制性问题等，感知价值在老字号真实性作用机理中的作用问题，这些也将是未来研究需要深入的课题。

本书将真实性理论引入老字号品牌管理，界定了老字号真实性的概念，构建了老字号真实性以及老字号个性的量表，探讨了真实性的作用机理，这不仅丰富和深化了真实性与老字号品牌管理的研究内容，而且拓展了它们的研究范畴，具有较强的理论意义。同时，本书研究的结论及其部分研究建议也为老字号企业的长期品牌管理提供了重要的实践指导价值。研究的创新之处主要表现在以下三个方面。第一，采用质性研究和定量研究相结合的方法界定了老字号真实性的内涵，这不仅是真实性研究理论上的创新，而且也是研究方法上的尝试。第二，本书构建真实性的作用机理模型，探讨了老字号真实性与消费者态度和行为之间的关联，实现了真实性与消费者行为研究的联结，这是真实性理论研究思路上的创新。第三，本书将真实性理论引入老字号长期品牌管理，基于真实性理论提出解决老字号老化问题的新思路，有助于老字号品牌管理实践上的创新。

作者

2017 年 1 月

目 录

Contents

第一章

绪　论

真实性是当代生活的重要内容（Grayson and Martinec，2004），对它的研究已成为当代市场营销的核心内容之一（Brown et al.，2003）。将真实性引入老字号的研究，不仅丰富了真实性研究理论，而且为老字号的长期品牌管理提供了新的研究思路。

第一节　研究背景及其问题提出

一、研究背景

（一）老字号老化及其长期品牌管理

老字号是中国商业特有的一种称谓，它是有着多年的成功经营，具有一定影响力的商号，国外的研究称之为老品牌（old brand）。老字号是最地道的国粹，具有中华传统特色，也是中国商品文化的遗产，深藏着无形财富（陈勇星，2003）。但随着岁月的洗礼，大量熟悉的老字号在市场的优胜劣汰中渐渐湮灭。根据商务部的资料，新中国成立初期全国知名老字号有 1 万多家，1978年经国家有关部门认定的老字号企业尚有两千余家，而 1991 年由原国内贸易部授牌的老字号只有 1600 余家，且这其中只有 10% 左右经营良好，剩余的勉强生存甚至长期亏损。例如，始创于1651年的百年老字号"王麻子"剪刀厂2003年初宣布破产，始创于1858年的天津"狗不理"2005年被迫拍卖，传承三百余年的"芜湖铁画"却因未注册商标而落选2006年中华老字号认定等。

究其原因，老字号老化主要是由于企业的产品或服务无法适应变化的目标市场，加之品牌传播不利，老字号渐渐被市场所遗忘（Lehu，2004）。其中消费者是导致老字号老化的重要原因，因为品牌本身并不会老化，但老字号消费者的心理却会随着时间的推移而发生变化，或是老字号根本无法适应新一代消费者的需求。而这一系列的原因也引起了政府和业界的广泛关注，并成为学术界探讨强化或激活老字号的主要思路。

为保护和促进老字号及其企业的长期发展，商务部2006年制定并颁布实施了《"中华老字号"认定规范（试行）》，先后于2006年和2011年两批次共认定1129家"中华老字号"。自此工程实施以来，老字号的保护和振兴工作确实取得了显著成效，此项工程也为保护与促进我国老字号的传承和创新奠定了良好基础。

而另一方面，为解决老字号老化问题，国内外学者开始关注长期品牌管理（卢泰宏和高辉，2007；何佳讯等，2007；Keller，1999）。长期品牌管理包括品牌强化（brand reinforcement）和激活（revitalization），即是通过不变的品牌意义（brand meaning）还是通过变化的品牌知识（brand knowledge）提升品牌资产。它们的分歧体现在产品/服务、目标市场和营销沟通方面"传承和创新"、"变与不变"等要素的选择上（Kapferer，1992；Wiedmann et al.，2011）。而鉴于老字号的历史价值和消费者的怀旧心理，老字号又需体现"老和真"。强化是保持"老"即真，激活是改变"老"即真，但不传承失去"老"，不创新"老"又会被年轻人抛弃。如何解决老字号传承和创新的矛盾？已有学者试图从真实性的视角解决这一问题（Brown et al.，2003；Beverland et al.，2008）。

（二）真实性的市场化

消费者对真实性的需求由来已久，从公元9世纪到11世纪欧洲宗教文物市场的兴起和15世纪到16世纪中国奢侈品市场的蓬勃发展，到当今包括旅游纪念品（Harkin，1995）、民族食品（Lu and Fine，1995）、历史文物景点（Handler and Gable，1997）和原创艺术（Bentor，1993）等的消费，消费者一直都在探求真实的消费和体验（Fine，2003）。

在后现代环境中，生活在一个超现实世界中的个体日益面临着丧失真实自我或消失在无我（no-self）之中的危险（Wattanasuwan，2005），而且营销者为了建立差别化优势而不断进行着防止商品化的努力，这两方面的力量共同导致了越来越多的真实性营销（王长征，2005）。

托夫勒（1984）预言，来自消费者的压力将推动技术社会朝着未来体验生产的方向发展，预先安排好的体验将成为某些行业的独家产品。体验是对某些刺激产生的内在反应，是当一个人达到情绪、体力、智力甚至精神的某一特定水平时意识中产生的美好感觉（Pine and Gilmore，1999），甚至个体处于沉浸体验（flow experience）状态时，他则完全投入其中并感觉时间过得很快。后现代社会提升了消费者对真实性的诉求，消费者进行消费决策，选择买或不买，来源于他们对产品真实性的感知（Gilmore and Pine，2007）。但为何不是以前而是现在强调这种现象呢？Gilmore 和 Pine（2007）认为，根本原因是我们进入了体验经济的时代。体验经济时代，消费者的关注点是商品/服务的真实性，而这一命题能否成立取决于两个问题，即体验是否是一种独立的经济提供物，以及体验与商品/服务的真实是否存在必然联系（邓永成，2011）。首先，体验是一种可交换物，可以像其他一般商品一样按其价值出售（Toffler，1984）。其次，体验中真实性成为消费者关注的主要原因在于：生活的每一部分已被商业化的体验所触及，因此，体验经济中服务的自动化程度提高，人们越来越需要真实性的人性化服务，而身处能够满足人们人际交往体验需求的"社交化网络"中，人们则需要更为真实感的虚拟世界。为此，Gilmore 和 Pine（2007）将体验经济视为真实性理论建构的理论背景，而体验则是真实性理论的主线。由此，消费者市场也逐步将真实性作为竞争的手段（Grayson and Martinec，2004）。例如，修道院啤酒（trappist and abbey beer）的纯真实、近似真实和道德真实区分了不同类型啤酒的定位（Beverland et al.，2008），《星际迷航》产生的超真实造就了粉丝们对该系列产品的迷恋，以及来自大草原的"蒙牛"，诉求纯天然的"伊利"，来自法国波尔多的系列红酒等，厂商开始竞相挖掘真实性要素。

由此可见，真实性已成为当代生活的重要内容（Grayson and Martinec，2004），是亚文化和社群等消费情境下消费角色的核心（Kozinets，2002），也是最近几十年国内外研究的焦点（Anderson，1990；Baudrillard，1983；Boorstin，1987；Mac Cannell，1999）。尤其近年来，真实性问题的研究已逐步从旅游学拓展到一般消费领域和品牌领域，成为营销学和消费者心理学领域的前沿课题，国际顶尖的营销专业杂志如 JM、JMR、JCR 等也陆续刊发了一批以真实性为核心概念的研究论文。因此，很多研究者宣称，寻找真实性是当代市场营销的核心内容之一（Brown et al.，2003）。

二、问题提出

从前期的大量访谈中我们发现，很多消费者时常提起老字号是"真"的，但老字号的"真"是什么？它如何影响了消费者对老字号的态度和行为？通过对以往关于真实性和老字号长期品牌文献的梳理和回顾（详见本书第二章），本书认为，若将真实性理论引入老字号品牌长期管理，这将为解决老字号老化问题提供新的视角和思路。

品牌处处散发着真实性（Goldstein，2003），消费者也需要真实的品牌体验（Keller，1999），但国内鲜有学者关注老字号品牌的真实性问题。中华老字号拥有传承的产品或工艺，蕴含着长期经营中形成的独特的价值观和一贯传承的价值（王静一，2011），它是典型的象征性和内涵性的产品。而真实性问题涉及的就是象征和内涵（Beverland and Francis，2010），因此老字号是典型的"真实性蓄水池"，其"真实的要素"将会是它成功的核心元素之一（Keller，1993），也是老字号品牌传承和创新的线索。那么，挖掘老字号的真实性，有助于塑造独特的品牌身份，唤起回忆，延续消费者与品牌之间的情感联系和忠诚关系（Leigh et al.，2006），为解决老字号老化问题提供崭新的思路。但是，老字号的真实性是什么？如何挖掘老字号品牌的真实性？蕴含真实性的老字号能否影响消费者对其独特的个性感知？这能否得到消费者的认同？它对消费者的态度和行为有什么影响？这些都是利用真实性理论解决老字号老化困境中亟待解决的理论问题。而本书探讨老字号的真实性问题，并非只把它们视作有历史和传承价值的文物，更非是让它们在"真"的招牌下故步自封，而是通过研究消费者对老字号"真"的态度和看法，激发老字号传承和创新的思路。

第二节 研究目的与内容

一、研究目的

本书旨在研究老字号真实性的内涵及其对消费态度和购买意向的影响，进而为老字号的长期品牌管理提供新的思路，具体如下。

(一) 界定老字号真实性内涵

国内品牌真实性研究才刚刚起步，尚未有学者探讨老字号的真实性问题。而概念的界定和量表的开发是老字号真实性研究的前提和关键，因此本书的首要核心问题由此产生，即消费者感知的老字号真实性是什么？这些真实性具有什么特征？它有哪些维度？本章将通过深度访谈收集数据，利用扎根理论集中探讨真实性的概念，并利用探索性因子分析构建真实性的量表。

(二) 探讨老字号真实性影响消费者态度和行为的作用路径

真实性已成为当代生活的重要内容 (Grayson and Martinec, 2004)，对它的诉求影响市场行为 (徐伟，王新新，2012)。商业领域探讨真实性影响机理的研究仍处于空白，尚未有学者关注真实性对消费态度和行为的影响。那么，老字号的真实性是否以及如何影响消费者的态度和行为意向呢？本书希望通过深度访谈和问卷调查等实证研究方法，引入感知价值、品牌认同和行为意向等消费者态度和行为变量，探究老字号真实性是否会影响这些态度和行为，进而揭示老字号真实性影响的影响机理。

(三) 为老字号的长期品牌管理提供新的思路

老字号面临老化的威胁，国内外学者提出了众多强化和激活老字号的品牌管理策略。而真实性影响消费者的态度和行为意向，而老字号如何设计其真实性要素才能实现长期品牌管理的效果呢？本书将在实证结论的基础上，挖掘和

— 5 —

设计有助于提升消费者态度和行为意向的老字号真实性要素，为老字号的长期品牌管理提供新的思路。

二、主要研究内容

为实现研究目的，本书将重点探讨以下五个方面的内容：

（一）老字号真实性概念及其特征界定

老字号真实性的概念是本书首要的研究目的。本书将在文献回顾和深度访谈的基础上通过对老字号相关消费的观察，收集老字号消费的文本数据资料，利用扎根理论方法提炼、概括并从理论上解析真实性的概念及其特征。本书认为，老字号的真实性是指消费者对老字号或自我主体与老字号原物一致性的感知，它具有原物主导、社会情境驱动和非商业动机等方面的特征。这为老字号的后续研究奠定了理论基础。

（二）老字号真实性量表的构建

因国内外有关真实性尤其品牌真实性的实证研究较少，尚未有支持老字号真实性研究的相关量表，因此本书拟通过探索性因子分析构建老字号真实性量表。本书首先在老字号概念研究的基础上，采用自行编制问卷的形式收集老字号真实性数据，选择上市公司老字号品牌作为调研品牌收集消费者对它们的真实性感知，然后利用 SPSS14.0 和 AMOS4.0 进行探索性和验证性因子分析，从而建构出包含客观真实、建构真实和自我真实的老字号真实性量表并阐述各维度特征。老字号真实性量表的开发为后续的真实性实证研究奠定了理论基础。

（三）老字号个性量表的构建

文化差异影响品牌个性（Sung and Tinkham，2005），老字号的个性无法照搬西方文化下的品牌个性研究。本书拟在深度访谈和文献回顾的基础上自行编制问卷，选择上市公司老字号品牌作为调研品牌收集消费者个性感知数据，通过探索性和验证性因子分析，构建包含"雅""智""德""淳""古"的老字号个性量表，不仅拓展了品牌个性量表的跨文化研究，而且丰富了老字号真实性的影响机制研究。

（四）老字号真实性影响态度和行为意向的概念模型及其检验

本部分探讨老字号真实性对消费者态度和行为意向的影响，其结果直接影响本书的理论和实践价值。将顾客感知价值、品牌认同和行为意向作为消费者的态度和行为意向的变量，在文献回顾和深度访谈数据的基础上，本书探讨老字号的真实性如何影响消费者对老字号的感知价值、认同和购买意向，以及感知价值和品牌认同在老字号真实性影响路径中的作用，进而构建概念模型并提出相关假设。以老字号消费者为调研对象，本书对该概念模型和相关假设进行了实证检验与分析，并得出结论。

（五）老字号真实性要素的挖掘与设计

老字号真实性影响消费者的态度和行为意向，因此本部分从真实性视角为老字号的长期品牌管理提出针对性建议。从企业角度，应传承客观真实性要素，创新建构真实性，以及激活自我真实性要素。从政府角度，应奖励建立老字号保护体系，优化老字号发展方向；完善老字号认证体系，引导老字号健康发展；以及优化老字号促进体系，提升老字号的市场关注度。

第三节　研究思路与方法

一、研究思路

首先，通过文献梳理回顾了真实性和老字号长期品牌管理的研究现状，指出了研究的缺口，然后从原理论中寻求真实性研究的理论基础。

其次，在文献回顾的基础上，本书通过深度访谈收集消费者对老字号的态度和意向等文本数据，利用扎根理论界定和探讨了老字号真实性的概念及其特征，这是老字号真实性研究的理论前提。同时，一方面为了老字号未来的实证和定量研究，本书选择上市公司老字号收集数据，构建了老字号的真实性量表，另一方面为区分老字号独特的品牌个性以及丰富老字号真实性的影响机制研究，本书又构建了老字号个性量表。

再次，为探讨真实性对老字号的消费态度和购买意向的影响，本书通过大量的文献回顾和理论研究梳理和确定出真实性影响消费者态度和行为意向的一些研究变量，如老字号个性、品牌认同和购买行为意向。然后，在文献回顾和前期深度访谈数据的基础上，构建了老字号真实性如何影响消费态度和购买意向的理论模型，并以此针对性地提出真实性与各态度和行为变量之间关系的诸多假设。随后，本书针对研究问题设计相关调研问卷，选择上市公司老字号作为调研品牌，利用专业统计软件对理论模型和相关假设进行检验和分析，进而探究老字号真实性的作用机理。

最后，本书将根据研究结论提出老字号长期品牌管理的部分营销建议。

因此，本书整体上是按照以下思路展开：元理论及相关文献回顾→概念界定→量表开发→模型构建和检验→研究讨论和建议提出，详细思路参见图1-1 所示。

二、研究方法

本书旨在探讨消费者对老字号真实性的感知及其对消费态度和行为的影响，因此本书将在质性研究探讨老字号真实性概念及其特征的基础上，通过实证研究探讨它的影响机理。

首先，在老字号真实性概念界定部分，本书主要采取理论研究、深度访谈和扎根理论相结合的质性研究法。通过对已有真实性文献的梳理和探析，研究归纳出真实性的内涵及其在商业中的应用；以此为线索，研究通过深度访谈收集到消费者对老字号的态度和行为数据；最后，通过扎根理论方法，研究归纳和阐释出老字号真实性的概念及其特征。

其次，在老字号真实性量表以及老字号个性量表构建部分，本书将以实证研究方法为主。通过前期的定性研究，量表的构建将采取包括问卷设计、问卷调查和数据统计分析等定性和定量相结合的分析方法，而在量表项目的测定及其构建中，本书的探索性因子分析还要采用 SPSS14.0 和 AMOS4.0 等统计分析软件。

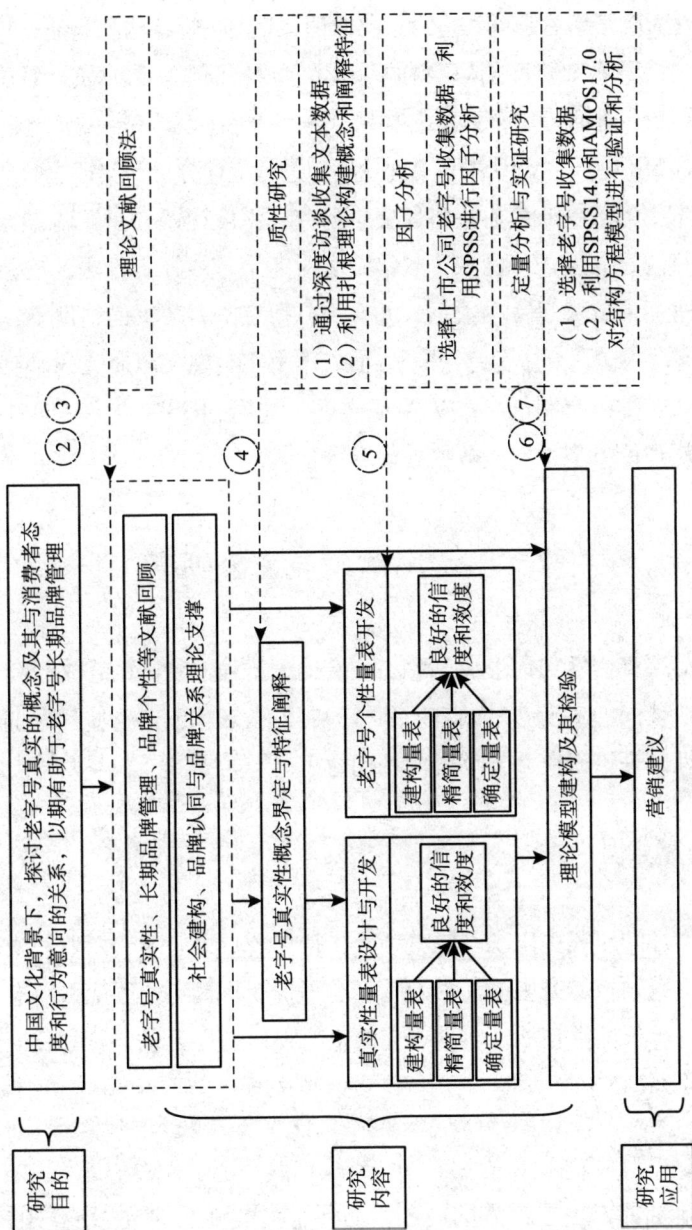

图1.1 研究思路

研究目的
中国文化背景下，探讨老字号真实的概念及其与消费者态度和行为意向的关系，以期有助于老字号长期品牌管理

②③ 理论文献回顾法

研究内容
老字号真实性、长期品牌管理、品牌个性等文献回顾
社会建构、品牌认同与品牌关系理论支撑

④ 老字号真实性概念界定与特征阐释

质性研究
（1）通过深度访谈收集文本数据
（2）利用扎根理论建构理论概念和阐释特征

⑤ 老字号真实性量表设计与开发 老字号个性量表开发
真实性量表：建构量表、精简量表、确定量表 → 良好的信度和效度
老字号个性量表：建构量表、精简量表、确定量表 → 良好的信度和效度

因子分析
选择上市公司老字号收集数据，利用SPSS进行因子分析

⑥⑦ 理论模型构建及其检验

定量分析与实证研究
（1）选择老字号收集数据
（2）利用SPSS14.0和AMOS17.0对结构方程模型进行验证和分析

研究应用
营销建议

再次，在老字号真实性对消费者态度和行为意向影响的研究部分，本书将以实证研究方法为主，理论研究方法为辅，即通过定性和定量相结合的研究方法对老字号真实性影响消费者态度和行为意向的理论模型进行建构和验证。其中，本书将在理论文献回顾和深度访谈资料的基础上理论推演老字号真实性对消费者态度和行为的影响，进而构建相关理论模型；然后，通过设计和调查问卷收集实证数据，利用 SPSS14.0 和 AMOS4.0 对理论模型进行统计分析和实证检验。

最后，本书的数据收集方法将以文献研究、深度访谈和问卷调查为主。一方面，本书将通过深度访谈深入了解消费者对老字号的真实看法，挖掘消费者内心的态度进而形成大量文本数据，并在文献研究资料数据的辅助下，利用扎根理论界定老字号真实的概念。另一方面，本书将会在文献研究的基础上构建理论模型，通过编制自制问卷收集实证数据，利用 SPSS14.0、AMOS4.0 等统计分析软件对理论模型做定量数据处理和验证。

第四节　研究意义与主要创新

老字号品牌真实性如何形成？它是否有助于增强消费者的感知价值？能否得到消费者的认同？对消费者的态度和行为有什么影响？对这些问题的探索将有助于真实性的理论研究和老字号的长期管理。

一、研究意义

有关真实性的研究多出现在旅游领域，据作者目力所及，商业领域真实性的研究应是营销领域研究中的前沿问题。本书旨在将真实性理论引入老字号品牌管理之中，不仅能够拓展真实性研究的范畴，而且也为老字号的长期品牌管理提供新的思路。

（一）理论意义

（1）明确和界定了老字号的内涵，拓展了真实性的研究领域。因研究的背景和目的不同，真实性的概念尚未统一，而其概念的界定多采取人种志研究予以阐释。而本书基于中国文化背景，采用质性和定量分析相结合的方法界定了老字号真实性的内涵，分析了其特征，从而为老字号真实性的后续系列研究奠定了理论基础。另外，据笔者目力所及，营销领域中的真实性研究多为定性研究，真实性的量表尚未出现。因此，本项研究的真实性量表的开发也将为真实性后续的理论和实证研究奠定理论基础。

（2）开发老字号个性量表，探讨老字号个性对消费者态度和行为的影响。品牌个性是老字号长期品牌管理研究的重要内容，但尚未有学者明确探讨老字号个性量表及其与消费者态度和行为之间的关系。研究通过归纳法生成老字号个性词汇，利用探索性因子分析开发老字号品牌个性量表，在中国文化背景下将其维度阐释为"雅""智""德""淳""古"，不仅扩展了品牌个性的研究范畴，联结了老字号个性与消费者态度和行为之间的关联，而且丰富了老字号真实性影响机制的研究。

（3）探究真实性与消费态度及其购买意向的关系，联结了真实性领域与消费者行为领域的研究。在充斥真实性的现代消费文化中，现有研究忽略了真实性对消费者态度和行为的影响，这是真实性和消费者行为研究的缺憾。本书在一般消费领域引入真实性理论，探讨老字号真实性的作用机理，从而寻找到了真实性与消费行为研究的联结点。

（4）利用真实性理论研究老字号长期品牌管理问题，为解决老字号老化问题提供新的研究思路。老字号的传承是保持"老"即真，创新是改变老/真；不传承失去真，不创新"老/真"又会被年轻人抛弃。本书探究的老字号真实性要素为老字号的传承和创新因子提供要素基础，通过挖掘和传播品牌中的真实性要素，实现老字号传承和创新的融合。这将为老字号的长期品牌管理提供新的研究思路。

（二）实践意义

我国老字号甚至商务部认定的"中华老字号"大多面临老化甚至消亡的困境，它们一直纠缠在"变"与"不变"的矛盾之中。本书拟研究我国文化下的老字号真实性问题，这将有助于老字号企业：①认识并挖掘品牌真实性要素；②在传承和创新策略中设计和传播真实性要素，从而塑造老字号独特的品牌诉求点和培养消费者对老字号的忠诚。这为我国老字号品牌获取竞争优势提供重要的实践价值。

二、主要创新

（1）利用扎根理论界定了老字号真实性的概念，这应是老字号和真实性研究概念上的创新。出于不同的研究目的和研究背景，学者对于真实性的理解仍是"仁者见仁，智者见智"。本书将真实性理论引入老字号问题研究，在深度访谈的基础上利用扎根理论归纳出老字号真实性的概念，这也应是我国老字号研究的一项新课题。

（2）开发老字号真实性量表，实现真实性研究方法和内容上的创新。已有研究多利用人种志等质性方法探讨真实性的内涵，但质性探讨缺乏实证数据的支撑，这抑制了真实性研究的应用性。本书在实证数据的基础上利用探索性因子分析构建了老字号真实性的量表，这不仅是对真实性研究的理论创新，在研究方法上也是一种尝试。

（3）本书提出了真实性与消费者态度和行为意向的概念模型，这应是理论研究中的思路创新。已有学者开始关注真实性问题，但目前尚未有学者系统性地实证研究真实性与消费态度和行为之间的关系。而本书通过实证分析探讨了真实性对消费态度及购买意向的影响，这实现了真实性与消费者行为研究的联结，这应是真实性和消费者行为研究领域的创新。

（4）基于真实性理论提出解决老字号老化问题的新思路，这应是老字号品牌管理的实践创新。为解决老字号老化，国内外学者研究老字号的强化和激活。但如何协调两者之间的矛盾仍是困扰业界的主要问题。本书引入真实性理论，通过传承和挖掘老字号中有助于提升消费者态度和行为意向的真实性要素强化或激活老字号，从而提升老字号的竞争力。

第二章

文献综述及相关理论基础

第一节 文献综述

一、品牌真实性研究述评

品牌真实性在业界的广泛应用引致越来越多的学者开始关注品牌真实性的理论研究（Beverland，2005；徐伟，王新新，2012），更有学者认为，真实性已成为现代市场营销的基石（Brownand，2003；Beverland 等，2008），相应的研究已成为营销文献中的一项重要的研究课题（Leigh 等，2006）。但遗憾的是，国外这方面的研究才刚刚起步，而国内还尚未开始。本章对品牌真实性文献进行了梳理，旨在跟踪当前研究的现状并探讨未来研究有待解决的问题，以期对国内品牌真实性的研究有所启发和对本项研究的实证部分提供理论支撑。

（一）品牌真实性的概念及其述评

真实性（authenticity）一词源于古希腊语"authentes"，有"某人亲手制作"或"权威的"之意，在研究中它常与真的（truth）、真正的（genuineness）、准确的（accuracy）、现实的（reality）等词相关联（Bendix，1992；Goldman and Papson，1996；Kennick，1985；Peterson，1997；Phillips，1997；

Trilling, 1972)。近年来, 真实性问题的研究从旅游学扩展到经营品牌领域, 但仍很少有学者详尽地界定真实性这个概念, 以至于这个概念在不同研究领域有不同的含义 (Grayson and Martinec, 2004) (见表 2.1)。具体到品牌真实性的概念, 研究主要集中在品牌要素、品牌策略和品牌关系三个方面, 学者分别基于各自的研究背景和目的对品牌真实性的内涵进行了界定。

表 2.1　　　　　　　　　基于不同视角的真实性内涵

视角	类型	真实性内涵	事例
主客体关系 (Mac Cannell, 1973; Wangle, 1999; Cohen, 1995)	客观真实	建立在客观主义哲学基础上, 它从客观的、博物馆学的角度看待旅游吸引物的真实性, 强调旅游客体与原物完全对等, 即旅游吸引物是完完全全的真, 不能掺杂丝毫的假	博物馆中的历史文物、尚未开发的原始森林
	建构真实	建立在 Heidegger (1960) 的哲学思想和建构主义基础上, 它认为社会是人创造的、建构的, 事物之所以表现为真实并不是因为它生来就是真实的, 而是因为人们依据信仰、观念、权威等对它们的建构, 并且这种建构的真实随着社会的发展渐变成真正的真实	威尼斯人旅馆、"小肥羊" 连锁
	后现代真实	产生于后现代社会, 此时的真实和虚假已经模糊不清, 虚像变得如此真实, 已达到一种 "超真实"。这种 "超真实" 不一定来自于事实, 它可以是源于虚构、想象, 包括对没有事实和原作、以一种想象出来的、现实中无法找到的虚像为参照物的模仿	迪斯尼乐园、"魔兽世界"、"星际大战"
	存在真实	以存在主义哲学为基础, 它寻求真实的自我, 即真实性与旅游客体无关, 而是旅游主体体验自我的问题。当处于本真状态时, 人们感觉自己比日常生活中的自我更真实、自由	高尔夫运动、极限运动
个体经验 (Beverland, 2008)	纯真实	要求完全、绝对地忠诚于传统和原产地, 即消费者能够利用历史线索判断产品从未做任何变化	Trappist 啤酒、土特产品
	近似真实	不要求对历史事实的绝对忠诚, 消费者能够接受与产品或品牌相关的变化, 只要这些变化不破坏产品或品牌的本质即可	Abbey 啤酒、蒙牛 "特仑苏"
	道德真实	它是个体的一种知觉感知, 即通过品牌或产品能够帮助顾客实现真实的自我	哈根达斯、Gucci 品牌

续表

视角	类型	真实性内涵	事例
线索 （Grayson 和 Martinec， 2004）	指号性 真实	个体将那些与事实或时空相关联的有形或无形的事物视为真实，即知觉者必须相信它要像所宣称的那样存在与事实和时空的联系	带有原产地鉴定书的钻石、PGI 标示的食品
	符号性真实	对某物真实性的衡量中，个体有一些预存的知识或期望，它们将会在个体头脑中形成一张"复合图片"，随后个体会将图片同它们对该物的感知相比较，以此做出真实性的评估	名人模仿秀
经济物体验 （Gilmore 和 Pine，2007）	自然真实	将那些处于自然状态的、没有人类触及的、非人造的或合成的东西视为真实	有机农作物、手工制造的天然肥皂
	原创真实	将那些拥有原创性设计的、第一代的、之前尚未出现的、非复制和模仿的东西视为真实	苹果公司的电子产品、哈雷摩托
	独特真实	将那些拥有独特优势的、展示人文关怀的、独立或特意的以及认真的行为视为真实	Nordstrom 百货公司和美国西南航空公司
	参照真实	将那些参照其他情景、从历史传统中得到启发、利用共同的东西与渴望、非派生的东西视为真实	在英国喝啤酒、参加中国茶艺典礼
	影响真实	将那些对其他实体有影响力的、能唤起人们追求更高目标的、提供具有预见性方法的、而不是缺乏逻辑或毫无意义的东西视为真实	硬石咖啡"拯救地球"的口号

资料来源：根据相关文献整理。

1. 品牌要素视角

学者对品牌真实性理解多基于一组消费者感知的独特品牌要素（Brown et al.，2003），包括品牌传统特征、设计独特、产地正宗、工艺传承（Beverland，2006）、长寿、权威（徐伟等，2015）等，品牌的真实就是这些要素的真实和纯正。

一方面，蕴涵传统工艺、天然原材料和悠久惯例的品牌依旧保持它们的原初设计，它们对质量和传承的承诺和坚持让品牌即使在顾客需求不断变化的市场中依旧保持与原初的一致（Bervrand，2005；Peterson，2005）；另一方面，品牌蕴含特定的诸如传统文化、习俗、地域和信念等信息，由此产生的独特身份和怀旧情怀增添了品牌的真实性（Brown et al.，2003；Penaloza，2000、2001；Postrel，2004）。另外，体现品牌传统的怀旧形象可能并非来源于"现实"，但随时间的推移它会演变为特定的品牌文化并获得超越其原初形象的象征性意义，品牌用户的自我真实随即产生（Kates，2004）。基于诸多学者从品牌要素对真实性的研究，Napoli 等（2014）将品牌真实性的概念理解为"消费者对品牌纯正性的主观评价"，其中，"纯正"是对诸多传承、怀旧、文化象征、真诚、工艺、质量承诺、设计一致等要素独特性感知（Brown et al.，2003；Thompson et al.，2006；Beverland，2006；Gilmore 和 Pine，2007）的整合。徐伟等（2015）也在老字号真实性的研究中明确提出真实性是老字号现客体或自我主体展示老字号原物程度的感知，它有客观、建构和自我真实三种形式。虽然品牌消费中关注的要素不同，老字号真实性的内涵有诸多差异，但真实性的感知：①直接或间接来源于老字号原物；②产生于个体体验，受消费情境和个体意识影响；③且追求品牌的真挚文化，淡化商业动机。Morhart 等（2015）也从客观、建构和存在主义的角度剖析品牌真实性，他们认为消费者的品牌真实性感知来源于客观事实的展示、主观联想以及与品牌相关的存在动机。虽然三种认识的哲学角度不同，但它们都认为品牌真实性的产生与品牌客体相关。因此，品牌要素若被视为"现实存在的"或"真诚的"而非"人造的"或"如有外表的"，那么它就是真实的（Grayson 和 Martinec，2004）。

可见，品牌真实涉及的是市场供给物（客体或服务）的真实，它虽基于品牌的内部属性，但却体现为消费者的个体评价（Bruhn et al.，2012），这种评价又来源于消费者对企业品牌形象与品牌身份的比较。真实性是品牌的实质或 DNA，是品牌身份的核心（Aaker，1996）。品牌身份是一致性、持续性的品牌属性，从内部目标群体（例如雇员、主管、中间商等）的角度看，这些属性能够决定品牌的实质（Meffert et al.，2012）。品牌身份并不可视，消费者如何判断品牌是否真实呢？真实性则能解决这一问题。品牌形象是品牌的外部看法，它是外部相关目标群体（如顾客）关于某品牌的整体感知（Meffert 等，2012）。品牌形象与品牌身份的一致与否是品牌真实与否的判断标准，即品牌形象反映品牌身份的程度越高，品牌的真实性程度就越高。塑造形象必须考虑顾客的需求和期望（De Chernatony et al.，2011），若品牌以市场为导向，这就意味着企业需传递外部目标群体渴求的品牌属性，但这些属性并未体现品牌的真实身份，外在品牌形象与内在品牌身份就产生了不一致即品牌不真实。

2. 品牌策略视角

真实性在品牌体验、延伸、并购和广告等策略上的广泛应用激发和深化了学者对品牌真实性概念的理解，消费者在企业品牌策略的实施与参与中寻求品牌的真实。

品牌的竞争优势可以来自消费者对品牌载体纯正性的体验，消费者在与真实客体的接触（Leigh 等，2006）和个体在客体的体验中参与创造了真实，被某些个体视为虚假、伪造的客体或消费体验却可能被其他个体视为纯正、真实的（Rose 和 Wood，2005；Beverland 和 Francis，2010）。Gilmore 和 Pine（2007）将那些处于自然状态的、没有被人类触及的、非人造的或合成的东西视为自然真实，将那些拥有原创性设计的、第一代的、之前尚未出现的、非复制和模仿的东西视为原创真实，将那些拥有独特优势的、展示人文关怀的、独立或特色的以及认真的行为视为独特真实，将那些参照其他情景、从历史传统中得到启发、非派生的东西视为参照真实，将那些对其他实体有影响的、能唤起人们追求更高目标的、提供具有预见性方法的、而不是缺乏逻辑或毫无意义的东西视为影响真实。可以看出，该概念的内涵和外延很大，它几乎涵盖社会学领域真实性在客观、建构、存在三大范畴的阐释，消费者能够体验到五种真实性中的一个或多个——无论是外在的还是内在的。

品牌的成长与壮大离不开成功的品牌延伸和并购。Spiggle 等（2012）从真实性的角度探讨了品牌延伸成功的新途径。他们认为如若在品牌的延伸中塑造真实，就应该在品牌的设计和感官元素上维系一致的形式和审美，在品牌产品的生产、设计和形式上体现其传统特色，保持品牌本质的独特和持续不变，以及防止品牌的过度商业化开发。因此，他们将真实的品牌延伸理解为对母品牌合法的、文化一致的延伸。姚鹏和王新新（2014）在研究品牌并购中的真实性问题时认为，品牌的真实体现在保持品牌的风格与一致的标准，始终能尊重品牌遗产和保持品牌精髓三个方面，在并购后强势品牌的真实性会下降。

在与消费者的沟通中，品牌被消费者视为联结个体内心和自我真实的市场媒介，但品牌理念及其活动的过度商业化会伤害消费者对品牌的真实性评价（Beverland，2006；Fine，2003；Thompson 等，2006）。Beverland（2009）认为，真诚能解决这一问题。真诚是品牌真实的三要素之一（Napoli 等，2014），它容易与消费者深层次接触从而打动消费者。它通过一组超越商业理念的品牌故事来实现，它们"宣扬传承（包括生产方法、产品形式、公司价值或所在区域）、对工艺的热情，以及公开回避现代工业特征和商业动机等"，Beverland（2009）把这组真诚的品牌故事界定为品牌真实性。可见，依照以上学者的观点，商业化导向的品牌是不真实的。Pace（2015）却认为，附有道德和伦理价值的品牌会让消费者对企业的经营持有积极的态度，商业导向型中的品牌同样会被认为是真诚的。当消费者认为企业尊重或倡导了积极的亚文化氛围，例如，建立品牌社群等（Holt，2002），他们不仅不会拒绝与该品牌的商业关联，还会将这种关联视为对该品牌文化的欣赏进而积极融入这种关联，这种积极的品牌态度则会增进消费者对品牌真诚的感知。

3. 品牌关系视角

可以看出，大多数学者多从产品品牌的角度探讨品牌及其体验的真实性问题，他们对真实的理解都是基于原物、传统或历史渊源。Ilicic 和 Webster（2014）认为这种视角忽略了品牌与顾客之间关系的独特性和真实性问题，消费者对其品牌关系真实性的感知是创造品牌共鸣的核心，其研究主要集中在品牌社群的真实性上。

品牌社群是一种以消费者为中心的品牌与消费者以及消费者之间的关系网，其目的在于为消费者提供与品牌相关的独特的消费体验（McAlexander et al.，2002）。虽尚未出现有关品牌社群真实性的直接研究文献，但品牌社群的研究学者们普遍认为，社群成员之间的关系相当密切，具有一定的凝聚力，而且还存在着某种道德上的义务（Nisbet，1973），社群成员希望通过社群活动得到其他成员的认同，在与他人愉悦的分享和沟通中实现了真实的自我。Firat 和 Dholakia（1998）的研究发现，在群居的、具有行为性和自我表现性的，且独立于主流文化的社群或者消费领域中，消费者可以从市场的束缚中摆脱出来。Leigh 等（2006）对 MG 社群的研究结果也表明，MG 社群成员不仅形成以 MG 汽车为载体的客观真实性感知，而且在社群中同 MG 品牌产生人车互动。在 MG 社群中，MG 所有者不仅通过驾驶和自我活动同 MG 产生人车互动，而且通过帮助新手试驾和修理、与其他成员交流和分享驾驶乐趣等产生人际互动。在此过程中，MG 用户通过角色作用做好"良师益友"，体验到自身在社群中的价值，通过社群承诺产生群体责任感，在责任与角色的强化中真实化他的身份认同。

Ilicic 和 Webster（2014）更进一步，他们将品牌关系真实理解为消费者对其与品牌之间关系独特性的评价。独特性的关系意指这种关系应考虑消费者的内心需求，应开诚布公地帮助消费者认识和实现真实的自己。其中，行为和关系导向（Kernis 和 Goldman，2006）在品牌关系真实的实现中起到重要作用。真实的行为是指消费者的行为应与其价值、偏好和需求相一致，表现为向他人展示自我时不会歪曲或夸张与自我有关的信息。关系导向是指与他人建立公正的、真诚的和值得信赖的亲密关系。Ilicic 和 Webster（2014）认为，消费者会判断品牌在其与消费者的关系中表现的是否真实，是否真实地反映了其核心价值。不过，他们的研究重点关注的是品牌关系真实的影响，并未详细地阐释品牌关系真实的内涵和形成，因此品牌关系真实的概念较为模糊和宽泛。

可以看出，研究目的和情境不同，学者对品牌真实性内涵的理解也有所差异（Beverland，2005），涉及客体的绝对真实、主体的建构真实以及内在真实，具体体现为品牌是否值得信赖、诚实真挚、独具特色以及具有象征意义。但学者普遍认为，真实性并非品牌固有的内在属性，它是消费者对其品牌要素、品牌活动的感知和评价，即消费者社会建构的产物。

（二）品牌真实性维度及测量

随着品牌真实性实证研究的逐步深入，学者们近两年开始通过开发新量表和整合已有量表两种方式研究品牌真实性的构成维度及其测量问题。

学者尚未就品牌真实的概念达成一致，因此首先考虑的是开发符合自己研究背景和目的的品牌真实性量表。Bruhn 等（2012）基于服装、化妆品、航空、零售等品牌开发了包含持续、原创、可靠和天然四维度 15 测项的品牌真实性量表。持续性反映的是品牌长久维持的一种状态或过程，体现为品牌在时间的变化中保持一致、提供持续性的品牌要素以及有明确追求的观念。独创是指品牌与众不同，即该品牌是独特的，是能够与其他品牌区别开来的。可靠是指品牌可以信赖依靠，体现在品牌拥有值得信任的承诺以及能够信守承诺。天然是指未加修饰的，它衡量该品牌能给消费者带来一种天然而非虚假的印象。Coary（2013）研究跨电子科技、服装和食品品牌，开发了包含类别先驱、恪守原则和维系原产品三维度 10 个测项的品牌真实性量表。类别先驱是指品牌及其产品在设计、口味或样式上是该行业最早的和最好的，首应效应树立了该品牌的权威。维系原产品是指保持品牌产品的内在传统属性不变，消费者会将这些经历过时间和市场变化考验的原初特征作为判断品牌是否真实的线索。恪守原则体现的是企业与顾客间的交互关系，表现为品牌是否忠实于企业的价值和使命，是否忠实于顾客。以上学者的研究较早地构建了品牌真实性的量表，其量表简明扼要，聚焦于产品和品牌原则中的独特性，囊括了产品的真实性要素，但却忽略了品牌潜在属性（如价格、档次）可能引致的真实性问题，这在食品、服装等极富象征性的产品品牌中不应被忽略。

Napoli 等（2014）从顾客的角度开发了包含质量承诺、传承和诚挚三维度14 测项的品牌真实性量表。质量承诺是品牌给消费者在质量上的所有保证，它们被分解为使用最好的材料、采用最苛刻的标准、手工工艺和定制化的生产程序等 7 个质量保证的测项。传承意指品牌能反映和继承传统要素，体现为品牌在时间、文化和特定区域的历史关联、拥有保存至今并一直庆祝的与过去的强联系、散发传统气息、展现永恒的设计、唤醒某人的金色岁月等 5 个测项。诚挚用 2 个测量来衡量，体现为品牌信守原则和价值。Napoli 等（2014）基于心理测量的品牌真实性量表的开发具有较好的信度和效度，从理论和实践角度拓展了学者对品牌真实性多维结构的理解。但该量表忽略了"文化象征"这一品牌核心要素，这可能限制了品牌真实性的内涵。另外，维度"诚挚"的测量太过单一和简单，仅与品牌的价值和原则相关，因此用"诚挚"的概念太过宽泛和不准确。而且正如 Pace（2015）所言，"诚挚"的测项仅提及品牌与这些价值或原则的关系，而并未明确是何种价值或原则，因此被试将无从判断。

Morhart 等（2015）以食品品牌为对象开发出包含四维度 15 测项的品牌真实性量表。其中，持续性包含 4 个测项，是品牌与过去相关的一些属性，体现了品牌的长寿、历史和超越趋势的能力。可信性是指品牌实现其承诺的意愿和能力，它用 3 个测项测量，体现了品牌对顾客的坦诚。正直性有 4 个测项，反映了品牌的道德和责任，例如，遵循优秀的价值观和真诚对待消费者等。象征性是品牌能够帮助顾客认识真实自我的属性，即通过提供展示价值、规则和关系的自我指向性线索从而建构自我真实，它用 4 个测项测量。Morhart 等（2015）的量表涵盖品牌的象征性属性，揭示了消费者在与品牌的关系中个体价值的实现，这是在其他量表开发的研究中很少关注的。

在相关研究的基础上，Eggers 等（2013）在探讨品牌真实对品牌信任和中小企业成长影响的研究中用品牌一贯性、顾客导向和品牌一致性三维度10指标测量品牌的真实性。其中,品牌一贯性是指利益相关者在所有的品牌接触点上都能获得体验。企业对利益相关者的承诺与企业的价值、战略和既定愿景越相符,品牌的一贯性就越高,Egger 等(2013)用5个测项来测量。品牌的顾客导向表达的是顾客对品牌情感价值和自我表达价值的关注,它体现为创造和维系品牌意义的企业行为,体现为关注顾客兴趣以及根据顾客调整公司行为两个测项。品牌一致性是指个人价值与品牌价值的一致,即个人对品牌价值的高度承诺,用自我与公司价值、对公司价值的承诺和坚守价值3个测项衡量。依照该概念,企业应有明确的价值观,而且企业的行为要能够体现出这些价值和信念。也有研究仅仅关注品牌真实性的某一方面,他们以单维度来对品牌真实性进行测量。Ilicic 和 Webster(2014)在研究品牌关系的真实性问题时直接用消费者真实自我、品牌与消费者关系的率真和诚实等多个题项测量,Newman 和 Dhar(2014)则直接通过询问消费者对 Levi's 夹克的真实程度感知来测量。

可以看出,学者对品牌真实性的测量涉及品牌的各个接触点,虽然研究背景和目的的差异使得学者关于品牌真实性的测量仅限于真实性的某些方面,但他们的研究却存在很大程度上交叉和补充的。结合品牌真实性的内涵,笔者将已有的品牌真实性维度及其测量梳理和归纳为可信、诚挚、独特和象征四个方面(见表2.2),这有助于全面和准确地理解品牌的真实性内涵。

表2.2 　　　　　　　　　　　品牌真实性维度划分

关注角度	内涵	具体形式	代表性研究
可信	赢得顾客信任的品牌客观特征	品牌质量可靠	Napoli 等(2014)
		承诺可信	Eggers 等(2013)、Bruhn 等(2012)、Schalle-hn(2014)
		理念清晰	Bruhn 等(2012)、Schallehn(2014)
诚挚	能够体现信念、承诺和价值的品牌行为	信守承诺	Napoli 等(2014)、Schallehn(2014)、Morhart 等(2015)、Coary(2013)、徐伟(2015)
		遵守价值	Eggers 等(2013)
		品牌言行一致	Bruhn 等(2012)、Schallehn(2014)
		淡化商业理念	Morhart 等(2015)、徐伟(2015)

关注角度	内涵	具体形式	代表性研究
独特	区别于其他品牌的特征	品牌要素的传承	Napoli 等（2014）、Coary（2013）、徐伟（2015）
		品牌自然、无虚假	Bruhn 等（2012）
		长寿	Morhart 等（2015）、徐伟（2015）
		产品类别首入	Coary（2013）
象征	激发顾客自我真实的品牌特征	怀旧的唤醒	Napoli 等（2014）、徐伟（2015）
		以顾客为中心的导向	Eggers 等（2013）
		良好的关系	Ilicic 和 Webster（2013）
		激发自信	Schallehn（2014）
		展示自我	Morhart 等（2015）、徐伟（2015）

（三）品牌真实性形成机理

真实性形成的"前台—后台理论"在旅游真实性的研究中已较为成熟，但品牌真实性涉及哲学、社会学、人类学和心理学，目前仍缺少系统探讨品牌真实性形成的实证研究，而且已有研究仍集中在品牌要素层面。

1. 要素分散作用说

Beverland（2006）和 Littrell 等（1993）提出能够产生品牌及其产品真实性的十大要素，诸如传统和血缘、产地关联、生产方法、质量承诺，成分和原料，公司/工匠、审美、独特与新奇，体验、动机真诚等，真实性的形成就是消费者对诸如此类要素纯正性的感知，之后的大部分学者也多从这种视角探讨品牌真实性的形成。例如，Fine（2003）认为，认识能力有限增加了消费者的购买风险，而世代传承的生产方法则是品牌及其产品正宗、质量可靠和工艺独特的线索，这些线索的呈现联结了现有品牌与其历史或其原物，成为该品牌及其产品是否真实的判断标准。借助线索理论，Grayson 和 Martinec（2004）以及 Ewing 等（2012）用指号性和符号性区分消费者对这些要素真实性的感知，即个体是依赖某类真实性的线索来形成和判断某一品牌的真实性。符号性真实暗示的是品牌要与它所宣称的事实（历史、事件、原物等）存在客观上的关联，符号性真实的产生则来源于消费者头脑中预存的知识或期望，消费者会将它们用于对该品牌要素感知的比较，从而做出真实与否的判断。线索理论虽理清了真实性产生的路径，但只是对品牌要素真实性感知形成的一种分类，它仍未系统、清晰地阐释真实性产生的机理问题。真实性是消费者对市场供给物价值的整体判断或评价（Chhabra，2005），但整体判断中是否存在多种要素共同影响？要素间的相互关联如何促进真实性的实现？显而易见，要素创造真实性的研究没有解决这些问题，而随着品牌真实性研究近几年不断的深入，学者开始探讨这一问题。

2. 要素整合作用说

在产地影响真实性的研究中，Newman 和 Dhar（2014）引入感染理论验证品牌真实性的形成。他们认为，产地会通过两条路径影响消费者对其品牌的真实性感知，即质量预期和感知迹象。感染论认为，客体能够通过物理接触获得特定来源的实质，在传染状态下，消费者会通过客体的过去获得某些特定的质量认知。消费者认为，品牌原工厂生产的产品用的是较好的原料，或者拥有的是较高的技术和知识，其中原产地就是产品质量的线索。另外，原产地也是为消费者提供"这东西并非仿制品"的有形证据，例如，与特定历史人物或地域的关联（Grayson 和 Martinec，2004）就给消费者提供了一种强有力的证据感。在原产地信念的感染下，消费者受制于原产地质量的预期，在特定情境和证据的体验中形成对该品牌或产品真实性的感知。

在 Beverland（2006）真实性六要素研究和 Mac Cannell（1973）真实性前后台理论的基础上，Alexander（2009）提出真实性塑造品牌光环的层级图（见图2.1）。在信息不对称的情景中，消费者认为，生产方法体现了品牌一贯的质量承诺，同时品牌的延续与传承在时间和形式上又承诺了质量，这三类要素是品牌真实性产生的后台，即品牌被消费者视为纯正的根本，是品牌真实的存在性属性。品牌的经营后台要素是市场无法直接消费和体验的，这需要风格一致和产地关联这两类线索展示出来。风格展示和产地关联重在"诉求"，它们一方面通过品牌的风格与产地线索传递品牌后台的存在性属性信息，辅助于品牌传播策略，这有效地提升了消费者对品牌的真实性感知，因此，被视为品牌真实的促进要素。另一方面，风格一致和产地关联体现和实现了品牌的承诺和价值，承诺和价值带来的品牌诚挚感知又淡化了消费者对品牌的商业动机的

感知。因此，消费者在六大品牌要素协同作用的情境下产生真实性感知，进而
打造品牌的光环。

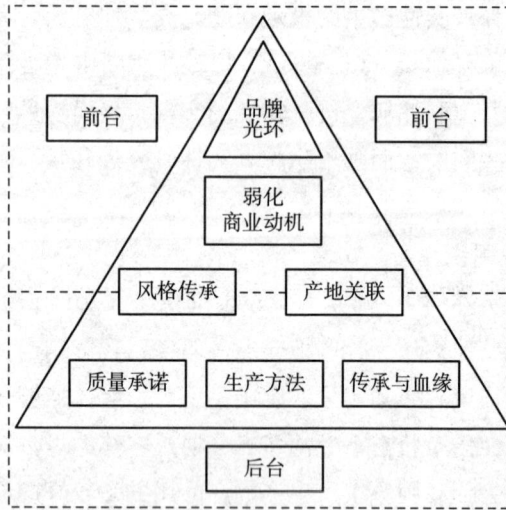

图 2.1　Alexander（2009）真实性"前后台"形成逻辑

在 Beverland（2006）和 Littrell 等（1993）真实性要素研究的基础上，
Gundlach 和 Neville（2012）又引入排他性要素构建了品牌真实性形成的逻辑
框架模型。模型指出，真实性包含十一大要素，其中工匠、生产方法、成分与
原料是品牌真实性形成的驱动因素，但这些驱动因素又必须通过审美、质量承
诺、产地关联、传承与血缘以及排他四种属性要素的评估才能形成真实性，同
时这个评估过程又受到动机真诚、经验以及独特与新奇三种无形要素的调节。
这些要素相互关联、相互作用，它们间的关系展示了真实性创造的思路逻辑
（见图 2.2）。以驱动因子工匠驱动真实为例，驱动因子"工匠"的真实程度需
要通过审美、产地联系、排他和传统四大属性来评估，即判断工匠的外表和穿
着是否符合消费者的预期，他们是否来自于原产地，以及是否只有他们掌握这
种工艺等。同时，评估又会受到真诚的动机、经验以及独特与新奇三种无形变
量的调节，如工匠的工艺制作是为盈利还是出于对工艺的热爱？工匠在小作坊
或大企业工作过？以及他们提供的工艺品或体验是独特而非模仿他人的？于
是，基于工匠要素的真实性感知就在消费者头脑中通过对各要素间关联和作用

的主观判断和评估产生了。类似的，基于生产技术、成分和原料要素的品牌真实性产生逻辑也是如此。

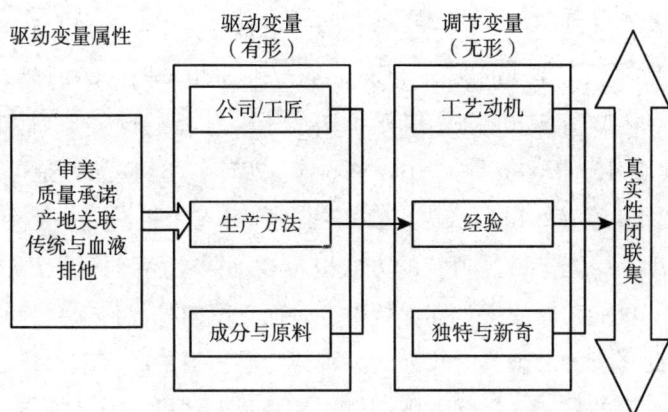

图 2.2 Gundlach（2012）品牌真实性形成逻辑

（四）品牌真实性的影响

学者和业界一致认同真实性对消费者态度和品牌化的作用（Beverland 和 Farrelly，2010；Newman 和 Dhar，2014），认为消费者会为他们认为的真实品牌投入积极的态度和行为（Rose 和 Wood，2005）。

1. 品牌真实性对消费者认知态度的影响

虽有部分学者研究真实性对消费者整体品牌态度的影响（Ewing 等，2012），但整体品牌态度太过抽象，更多的学者的研究还是集中在真实性对消费者品牌认同、品牌信任、品牌依恋等态度的影响上。学者普遍认为，真实性有助于消费者了解品牌内在属性和外在特征进而认同该品牌（Beverland，2005）。徐伟等（2015）以中国老字号为例的品牌真实性研究表明，老字号的原真实、建构真实和自我真实分别提升了消费者对老字号的认同。他们认为，包含商号、产地、原料配方等客观真实性要素是老字号独特性的体现，不仅传承老字号的传统特征，而且提升了消费者的质量感知。建构真实性要素中历史传承、社会责任、认证等仅有助于消费者产生关于品牌的积极联系，而且增强了品牌的权威性，降低消费者的购买风险和不确定性。而自我真实性要素则通过怀旧、炫耀、分享等个体和群体体验极易满足消费者心理需求，因此蕴含真实性要素的老字号更容易得到消费者的认同。

信任衡量的是消费者与品牌间的长期关系（Morgan 和 Hunt，1994），它是消费者与品牌在互动中产生的安全感，源于消费者关于品牌对其利益可信和尽责的感知即品牌承诺实现的感知（Chaudhuri 和 Holbrook，2001）。真实的品牌质量可靠（Napoli 等，2014）、信守承诺、天然独特、谨遵原则和工艺传承（Morhart 等，2015；Bruhn 等，2012；Coary，2013），这些品牌是可以信赖的。例如，Schallehn 等（2014）认为，真实的品牌具有个性化、一致性和持续性三大特征，即品牌能够通过独特的方式以及在不同的品牌接触点实现其承诺，并且该承诺不仅能在时间上长期保持不变，而且能向外界传递品牌实现其承诺的动机，因此真实的品牌具有较强的品牌能力和积极的品牌动机。品牌能力是品牌实现其承诺的技能，品牌意图则体现为品牌的动机，而品牌能力和品牌意图的感知则是消费者产生信任的关键（Delgado - Ballester 等，2003），因此，Schallehn 等（2014）认为品牌的真实性有助于提升消费者的品牌信任感。

相比于认同和信任，品牌依恋更强调消费者与品牌间独特的情感联系或纽带。Morhart 等（2015）的研究验证了消费者的品牌真实性感知有助于提升消费者对品牌的依恋。他们认为，在产品标准以及市场供给物缺乏内涵的消费情境中，消费者能够通过品牌象征性属性获取市场供给物的内涵信息以及消费者的身份认同，品牌的可信性、正直性和持续性要素则会让消费者产生品牌忠于自身和顾客，以及品牌置身于顾客的感知，进而促使他们产生投入情感的品牌态度。甚至有可能通过积极的口碑对该真实的品牌做出公开承诺。

2. 品牌真实性对消费者反应的影响

购买意向是消费者反应层面研究最多的变量。品牌的真实性涉及诸多功能性、象征性和体验性的特征和价值，通过信任的产生消费者会形成积极的购买意向，这一结论得到部分实证研究的支持。Coary（2013）认为，品牌真实性是企业对消费者在产品、企业信条和行为上的承诺，因此，品牌中蕴含的真实性极易引致消费者对该品牌的信任，进而产生购买意向。Ilicic 和 Webster（2014）针对品牌关系的研究表明，即使对于品牌承诺较弱的消费者，品牌与消费者关系的真实性也能够提升他们的品牌购买意向。Napoli 等（2014）认为，消费者对质量承诺、传承和真诚三类真实性要素的感知都显著提升消费者的购买意向。姚鹏和王新新（2014）研究了并购后品牌真实对消费者购买意愿的影响，研究结果表明强势品牌在并购后其真实性降低，消费者在买与不买间出现犹豫，购买意向也随之下降。徐伟等（2015）对老字号真实性的研究表明，原真实与消费者的购买意愿存在负相关关系，这也说明老字号严重的老化现象导致消费者缺乏购买意向。同时，建构真实和自我真实直接和通过感知价值间接影响消费者的购买意向。

另外，Eggers 等（2013）从 CEO 的视角探讨了品牌真实性对中小企业成长的影响。他们认为，基于原物和历史的公司价值是公司独特的竞争优势，若体现这些价值的产品、营销沟通、人员等企业策略协调一致（品牌一贯性），顾客则会更清晰地认识和理解公司及其品牌价值，他们在其个人价值与公司价值、品牌价值高度统一的活动中（品牌一致性）增加了对公司品牌的信任，进而促进中小企业的成长。另外，品牌若能够了解顾客需求，为顾客和利益相关者提供更好更优质的价值，顾客则会认为该品牌更真诚和真实。但遗憾的是，品牌的顾客导向对顾客信任的影响在 Eggers 等（2013）的研究中并未通过检验，他们也未详细解释其原因。

二、老字号及其长期品牌管理研究

老字号，国外称之为老品牌（old brand），指历史悠久的商号、店号。国内关于老字号的定义研究经历了文化论、质量信誉论和区域品牌论三种定义趋势。老字号在其悠久的历史发展中，吸收了传统民族文化的精髓，传承和创造了丰富的文化遗产，并在曲折发展史中演绎出许多故事，蕴含着一个城市的历史和文化（王勇，吴斌，2006），已成为城市的文化地标（袁家方，2008）。但据作者目力所及，学者对老字号的定义是"仁者见仁，智者见智"，而理论界和业界采用较多的则是商务部 2006 年对中华老字号的定义，即"历史悠久、拥有世代传承的产品、技艺或服务，具有鲜明的中华民族传统文化背景和深厚的文化底蕴，取得社会广泛认同，形成良好信誉的品牌"。它们"历史悠久，多数历经百年以上风雨沧桑，创办最早的已有四五百年历史，最晚的也已走过半个多世纪的历程。……这些老企业具有丰富的文化内涵，在企业名称、产品形象、经营理念、管理方式等方面无不体现出浓厚的中国传统色彩，也明显地打上了时代的烙印"（孔令仁等著，1998）。

由于老字号企业本身"网店破坏严重，体制限制发展，知识产权保护意识薄弱"，以及产品与品牌无法满足消费者需求的变化等原因，老字号的老化现象日趋严重。据不完全统计，新中国成立初期，我国的老字号企业超过一万六千多家，涉及食品、医药、零售、烟酒、服装和餐饮等多个行业。1990 年，原内贸部统计的老字号企业只有 1600 余家，而如今只剩千余家，且其中的70% 的勉强维持生计，20% 亏损，仅有 10% 在盈利。而与此同时，消费者对老字号的认知度偏低，据盛世指标公司 2007 年发布的《中国自主品消费者认知度指数报告》显示，消费者对老字号的总体认知度仅为 16.1，远远低于诸多新兴品牌。作为承载着中国商业文明记忆和悠久历史的商号，老字号的振兴工程被提上日程。2006 年 4 月，商务部颁布了"振兴老字号工程"方案，制定了《"中华老字号"认定规范》，提出中华老字号认定的 7 个条件，包括"拥有商标所有权或使用权，品牌创立于 1956 年（含）以前，有传承的独特产品、技艺或服务"等。2006 ~ 2011 年，商务部先后两批次共认定"中华老字号" 1129 家，其中上海市以 181 家独占鳌头，北京、江苏和浙江分别以 117 家、96 家和 91 家紧随其后。在 1129 家中华老字号中，食品加工企业 651 家，包括王老吉、大白兔等知名品牌，除此之外，上榜企业涉及餐饮、医药、零售、工艺美术、住宿、服务等诸多行业。随着中华老字号工程的稳步推进，老字号企业老化现象得到一定程度地改善，部分老字号也开始做大做强，先后有50 余家中华老字号企业进入资本市场，行业涉及医药、饮食、百货等，包括同仁堂、云南白药、豫园商城、全聚德、五粮液、贵州茅台等知名品牌，另外，庆丰、狗不理、桂发祥等亦在积极 IPO 中。随着市场的发展和品牌的进化，越来越多的品牌跻身于老品牌的行列。老品牌的市场表现参差不齐，而近年来国内出现了老品牌回归的热潮，引发了学者和业界对老品牌的关注。消费者为什么购买老品牌？面对市场环境的变化，老品牌是否会出现老化？企业如何通过长期品牌管理解决品牌老化的难题？这些问题都是学者和业界感兴趣的话题，但相关理论研究却相对较少。

（一）老字号的品牌价值研究

老字号是最地道的国粹，具有中华传统特色，是中国商品文化的遗产，深藏着无形财富（陈勇星，2003），其蕴含着文化精神、富有巨大商业价值，意味着一流的产品质量和优质的服务。相关价值研究主要体现在老字号对消费者的价值研究和对城市意象的影响方面。

1. 对消费者的价值研究

国内学者张宁和李诚（2011）将老字号品牌的核心价值表述为功能性、情感性和象征性三类价值。功能性价值体现为产品的物理属性，即带给消费者的功能性利益；情感性价值体现为产品的情感内涵；而象征性价值体现产品蕴含的价值观、身份地位等。王静一（2011）则在品牌感知价值和老品牌消费体验的基础上增加了产品的体验性价值，即消费者从老品牌中所体验到的内在价值，它可能是产品物理属性层面的直接体验，也可能是整体的抽象的心力体验，更多地体现在它能满足消费者怀旧的需求。

从消费者心理认知的角度，卢泰宏和高辉（2007）归纳和分析了老品牌在消费者心理中的优势，认为老品牌给消费者带来历史和怀旧价值，这也是老品牌存活和复兴的关键。

（1）历史价值。老品牌在一定程度上诠释了历史面貌或历史本质，因而从社会学的角度看具有认识历史的价值。它是研究创物史、创业史的重要资料，是某种历史现象或历史事件的艺术记录，是之前城市商业发展的可靠见证。而从消费者角度看，在后现代环境下，现实的消费文化使消费者产生"不真实感"，因此寻找真实性是当代市场营销的核心内容之一（Browen et al.，2003）。老品牌是文化悠久的知名品牌，它具有品牌要素好、知名度和美誉度高的特征，它或是传承高端品质的特色产品，或是坚持良善诚信的服务方式。正如Thompson等人（1994）所言，一些老品牌体现了工艺的道德观及其一贯传承的价值。一定程度上，老字号的消费过程也是历史文化的体验过程，因此，其悠久的历史被视为其市场价值的重要来源，是合理性和真实性的文本标记（Penaloza，2000）。

（2）怀旧价值。怀旧是一个人对年轻的时候（成年期早期、青少年期、幼年时期甚至出生之前）经常出现的事物（人、地方或者事件）的一种偏好（喜欢、积极的态度或美好的情感）。怀旧的消费者总是将旧时的产品与高品质、美好相联系，他们通常对旧时的产品品质给予较高的评价，对于旧时的产品具有较高的溢价支付意愿（Lyon and Colquhooun，1999）。老字号本身具有独特的历史文化资源和忠实的消费群体，这些独特的"旧资产"很容易使消费者把自己与其过去联系起来，并与分享老字号品牌的社群建立关系。因此正如 Brown 等人（2003）所述，老品牌具有强烈的怀旧价值。其怀旧价值体现在：①老字号品牌让消费者回到感觉更安全、更容易理解、商业化程度较低的年代，可以让消费者联想到以前的时代和自我；②于是通过强烈地唤起理想化的过去，它可以更有力地将消费者联系起来。

还有部分学者从品牌资产的角度认识老品牌的价值。当消费者熟悉某品牌，并对该品牌产生有力的、正面的和独特的品牌联想时，该品牌就会形成正的资产，并会产生积极的购买意向（Aaker，1991）。朱丽叶（2008）就从品牌名称、招牌、对联、店规等品牌的多个要素研究了我国老字号独特的品牌资产，她认为，基于消费者的品牌联想，老字号在诚信可靠、品质保证、历史文化、情感联结方面相比现代品牌具有明显优势。但这却忽略了老字号的基本特征，即长寿性（longivity）。长寿性是老字号重要的品牌资产，它体现了岁月的洗礼和积累，反映了老字号独特的品牌资产和核心价值（王静一，2011）。陶云彪（2010）基于 Aaker（1991）品牌资产理论认为，大多数老字号的品牌在市场中居于弱势，但它们却又拥有相对较高的美誉度，它们较好的知觉品质和独特的品牌故事创造出了差异化的品牌形象。

2. 对城市意向的影响研究

城市意向是"城市中移动的元素（人类及其活动）与静止的物质元素综合之后产生的每一个感官点，通过人的日常生活逐渐次年工程的认知传统中对城市的物质印象"（林奇，2011）。科学、技术的爆炸性使得城市的优势在一定程度上退化为一种杂乱无章的和不可预知的状态。而国内外诸多研究表明，老品牌在城市意象系统中不仅能体现不同的文化理解，而且也能同时展现出不同亚文化下的品牌，即历史商业品牌能够体现出城市意象的连续性。据上海商学院实践团队对上海南京路百年老字号的社会调研结果显示，近50%的被访者认为老字号是南京路的风景线，是上海的特色文化之一；超过70%的被访者认为富有传统文化和特色的老字号广告宣传对上海的城市文化大有裨益。张小泉、吴良才、老庙黄金、蔡同德堂、朵云轩、燕云楼等，这些老字号及其宣传成为上海南京路步行街典型的代表风景。

基于迈克尔波特（1988）的《竞争优势》观点，国内学者王颖（2005）

指出，老字号产业群的建立有助于公众辨识的城市意象系统。老字号作为城市文化资本之一，对城市意象具有增值作用（张鸿雁，2003）。老字号不同的发展阶段能够体现城市自然、历史文化、社会人文的演变，是城市价值和城市人的心理归属要素。而且随着时间的推移，老字号"城市文化资本"就会越"增值"（李悦，2010）。老字号见证了一座城市的历史，也伴随着这座城市的兴衰与发展。作为城市的历史符号，它们帮助社会尤其消费者解读这座城市的发展，也是几代人创造的无形财富。但是相关研究尚未关注老字号品牌在城市意象作用中的具体维度及其作用过程。

（二）老字号品牌老化研究

品牌是一个有生辰、实质、身份、形象、个性和权益的营销变量（Aaker，1991；de Chernatony and McDonald，1998），如果管理不当或不充分，它将会老化甚至死亡（Lehu，2003；Berry，1988，Wansink and Gilmore，1999）。品牌老化的实质就是品牌资产的贬值或流失，虽然老品牌并不必然意味着老化（Bontour and Lehu，2002），它记载着历史的变迁，但却在国际化、现代化的进程中与我们的现实生活渐行渐远；人们都觉得老字号蕴藏着丰富的文化内涵和品牌价值，但却在社会巨变的浪潮中难以赢得人们的青睐和市场的追捧。按照 Kotler（2003）、薛可和余明阳（2006）等学者产品与品牌生命周期的观点，大多数老字号品牌已经或开始步入衰退阶段。现实情况是，随着科技进步和社会生活方式的变化，相同的和替代的且具有竞争力的产品不断进入市场，老字号逐步丧失了竞争优势。而老字号由于企业内部管理并未适应外部环境的变化，导致市场占有率下降、销售利润萎缩、品牌影响力减弱，进入了后成熟期甚至衰退期。梳理老字号的文献发现，部分学者多从消费者和企业角度分析老字号品牌老化的原因。

品牌之所以能够存活，是由于品牌和消费者之间产生了情感联系（Shapiro，1997）。但若消费者开始忽略品牌，则表明该品牌开始衰老（Lehu，2004）。研究表明，即使消费者仍然欣赏老品牌，但他们却很少再使用或购买它们，这些老品牌有意识或无意识地就会消失（Aaker，1991）。消费者对品牌态度的改变源自于作为生物人本身的一些特性（廖佳丽，2007），他们本身具有喜新厌旧的特性，新品牌的出现自然使他们容易失去对老品牌的青睐。另一方面，"世异则事异，事异则备变"，面对消费者的价值取向和审美品位的变化，很多老品牌却墨守成规、一成不变，这就极易放走许多潜在的消费者并动摇现有的品牌忠诚者，最终导致品牌老化。

众多学者也从企业角度寻找品牌老化的原因。余明阳在 2012 年《中国文化报》将老字号老化的原因归结为产品老化、机制老化和消费者老化三个方面。Lehu（2004）通过对企业经理的深度访谈、深度探析和总结出品牌老化存在三大原因。

（1）企业供给的产品或服务存在问题。Lehu（2004）指出，由于早已过时的产品承诺，样式、设计等的落伍，产品研制与开发的缓慢，生产设备的陈旧，生产方法和技术的落后，产品创新的滞后，产品分类的凌乱，专利数量的不断减少等产品或服务方面的原因，老品牌可能会老化。Lehu（2004）进一步指出，品牌老化的原因并不是由于品牌产品的质量问题，而仅仅是他们与新产品在味觉、视觉和听觉方面的差异问题。

（2）企业的目标市场存在问题。Lehu（2004）认为，并非是品牌的功能或它的资产会老化，而是品牌的使用者、购买者和消费者或者意见领袖"老化"了，这表现为消费者规模萎缩，目标消费者没有更新，年龄普遍偏高，新产品满足不了消费者的需求，品牌很少为年轻人所知晓。

（3）品牌传播不利的问题。沟通是品牌的"性黄金"，即调节剂。但是若品牌传播中出现传播预算减少，提及率降低，传播内容过时，传播创造力减弱，代言人形象老化，媒体计划缺乏针对性，产品包装过时，忽略时尚因素等情况时，品牌的老化是不可避免的（Lehu，2004）。

（三）老字号品牌长期管理研究

由于企业战略和消费者认知方面的原因，企业的产品或服务无法适应变化的目标市场，加之品牌传播不利，大多老品牌日趋老化（Lehu，2004）。为避免品牌老化带来的品牌资产的流失或贬值，国内外学者开始关注长期品牌管理（何佳讯等，2007；卢泰宏和高辉，2007；Keller，1999；等）。但由于老品牌文化复杂，消费者个体差异较大，在改良或创新产品时，传统即老元素便可能成为负担。针对老品牌，笔者认为，长期品牌管理中品牌精髓需要管理和创造，即品牌强化和品牌激活要做到传承和创新的融合。品牌强化传递不变的品牌意义，而品牌激活则改变消费者的品牌知识，两者都可能利用了老品牌消费者特有的消费心理即怀旧，但在保留老元素和注入新元素之间却出现了矛盾（Brown et al.，2003），它们的分歧主要体现在产品/服务、目标市场和营销沟通方面"传承和创新"、"变与不变"等要素的选择上（Kapferer，1992；Wiedmann et al.，2011）（见表2.3）。

表2.3　　　　　　　　　　　　品牌管理中要素变化研究

大类	子类	不变	变	学者
产品	品质/感知质量	√		Lyon and Colquhoun, 1999；Holbrook and Schindler, 1994；Beverland, 2005
	产品特征	√		Holak and Havlena, 1992；Holbrook and Schndler, 1994；Beverland, 2005；Beverland, et al., 2008
	功能与新用途		√	Lehu, 2004；Ewing, et al., 1995
			√	Kapferer, 1992；Lehu, 2004；Wansink and Gilmore, 1999
	产品线		√	Kapferer, 1992；Lehu, 2004
	原产地	√		Beverland, 2005；Beverland, et al., 2008
品牌	品牌名称	√		Holak and Havlena, 1992；Stuart and Muzellec, 2004
			√	Lehu, 2004
	品牌概念/品牌联想	√		Kapferer, 1992；Holak and Havlena, 1992；Holbrook and Schindler, 1994；Beverland, 2005；Beverland, et al., 2008
			√	Keller, 1999
	商标标识	√		Stuart and Muzellec, 2004；Beverland, et al., 2008
			√	Kaikati and Kaikati, 2003
目标市场	细分市场	√		Gordon, Galantone and Benedetto, 1999；Keller, 1999
			√	Kapferer, 1992；Lehu, 2004；Ewing Fowlds and Shepherd, 1995
	销售渠道		√	Lehu, 2004；Keller, 1999

大类	子类	不变	变	学者
传播	广告风格	√		Holbrook and Schindler, 1994；Beverland, 2005
			√	Lehu, 2004；Ewing, Fowlds and Shepherd, 1995
	广告语		√	Stuart and Muzellec, 2004
	说服理由/品牌叙事	√		Holak and Havlena, 1992；Reisenwitz, Iyer and Cutler, 2004；Beverland, 2005
			√	Kapferer, 1992；Lehu, 2004
	代言人	√		Holak and Havlena, 1992；Holbrook and Schindler, 1994
			√	Lehu, 2004
	包装	√		Holak and Havlena, 1992；Holbrook and Schindler, 1994；Beverland, 2005
			√	Lehu, 2004

资料来源：何佳讯等.创新还是怀旧？长期品牌管理"悖论"与老品牌市场细分取向——一项来自中国三城市的实证研究 [J].管理世界，2007 (11)：96－107.作者整理。

1. 品牌强化

品牌强化就是通过向市场传递一致的品牌认知和形象等品牌意义来维护与提升品牌资产（李佛关，2009），其实施的关键是识别与确定品牌资产的来源，即品牌认知和品牌联想（Keller, 1999）。品牌认知（brand awareness）是指对品牌的认识，它包括知名度、品牌产品的属性、利益及其满足的需求。品牌联想（brand association）是存在消费者心中对与该品牌有关的独特的、正面的和强烈的想象。Keller（1999）的研究指出，品牌强化则是品牌人员通过一系列的市场活动强化品牌力，其实施应做好：①保持品牌定位的稳定，即保持老字号品牌的认知和联想中主要和关键因素的不变。而一致性并非意味着营销组合的一成不变，他还需要对品牌的市场活动做策略性的调整；②保护品牌资产的来源基础，即维护品牌认知和品牌联想的稳定和持久性，慎用品牌延伸；③制定有效的市场支持活动。对于以产品联想为主的品牌来说，产品的设计、制造和营销活动中的创新是品牌强化的主要支持活动，而对于非以产品联想为核心的品牌来说，广告是其强化的有效支持活动（何佳讯等，2007）。

另外，由于老品牌的悠久文化、独特个性和忠实消费群，怀旧无疑成为老品牌常用的强化策略和学者研究品牌强化的重点。品牌怀旧（brand nostalgia）是对过去品牌的忠实复制，简单地重新生产老品牌（卢泰宏，高辉，2007），其作用原理在品牌不变的传承和要素能唤起消费者、品牌或他们之间共用的美好回忆，即怀旧。怀旧是个体对之前经常出现的人或事物的一种情感（Holbrook and Schindler，2003）。拥有怀旧情感的个体倾向于旧时产品的优异性，对怀旧中的产品给予较高的评价，并表现为较高的溢价支付意愿（Lyon and Colquhoun，1999）。Reisenwitz 等（2004）研究发现，对于具有高怀旧倾向的消费者，设置怀旧叙事主题、设计怀旧场景、选择较强时代感的代言人等则会唤醒他们强烈的怀旧情感。Holbrook 和 Schindler（2003）的研究建议，利用感官体验、家乡、友谊、所爱的人等10种元素能激起消费者的汽车消费怀旧情结。何佳讯和李耀（2006）认为可以通过利用消费者的怀旧偏好达到实现长期品牌管理的目的，例如，设计相似的口号包装或广告口号以唤起消费者对以往美好时光的回忆，以此激活老字号的品牌资产。Brown 等（2003）从社会心理学的角度提出唤醒消费者怀旧的4RS框架，即讲述有关品牌历史、意义、精神等的故事，建立能够反映理想化过去的社群，传承不变的品牌精髓以及帮助消费者回到简单、轻松的年代，实现真实的自我。

不同于品牌怀旧相对于过去的忠实复制，品牌复古强调老样式和新功能的结合，即在怀旧中融入了创新的元素，这是满足当代消费者苛刻的性能和品味要求的需要。复古就是恢复往古的社会秩序和习俗，即兴起旧时代的时尚元素。"永久 C"糅合了传统与时尚现代元素的"经典国货"，勾起了数代人特有的集体回忆。大众新"甲壳虫"融合入了流行文化和老"甲壳虫"品牌精髓的怀旧要素，让新"甲壳虫"既传承原貌又彰显现代时尚，是古典与现代、复古与科技化的完美结合（Brown et al.，2003）。复古老品牌的产品设计、特征、传播策略等融入了创新要素，但它的传统和精髓仍一脉相承。

2. 品牌激活

品牌激活是指通过改变品牌知识以提升品牌资产，它包括品牌意识的扩展以及品牌形象的改善（Keller，1999）。国内外诸多研究学者也将其理解为品牌复兴（rejuvenation）（Lehu，2004）、品牌再定位（re-positioning）（Aaker，1991）、品牌重建（rebranding）（Kaikati，2003；Daly and Moloney，2004）等，它们的共性在于强调品牌的创新和改变。品牌激活是老字号一种具有持续吸引力的营销战略（Brown et al. , 2003），其原因在于：①先行者的优势很快会因技术的进步和模仿而消失，但消费者对老字号的信任乃至忠诚则是维系企业持久竞争优势的重要元素；②而且在动态、复杂的市场环境中，消费者的怀旧情结越来越强烈。

（1）品牌激活一般研究。相关研究较为丰富，激活的要素主要围绕在产品/服务、目标市场和营销沟通的创新和改变上（Lehu, 2004；Kapferer, 1992）。Keller（1999）认为，提高品牌的联想强度、美誉度和独特性是品牌激活的方法。Berry（1988）提出，改善品牌的关系、价值、形象、个性以及整合是品牌激活的内容。Donna（1992）提出给老品牌注入新生命的七种方式，即与公司的销售人员交流、更新品牌形象、价格促销要与品牌形象保持一致、慎重地进行品牌延伸、反思品牌形象、团队合作、改变品牌的联想。Aaker（1991）提出品牌激活的七种渠道，即增加使用、发现新用途、进入新市场、品牌重新定位、增加产品或服务、促进现有产品更新换代、延伸品牌等。Brown 等（2003）从社会心理学的视角研究品牌激活，他们认为品牌激活的关键是通过唤醒消费者的怀旧情结复活品牌的意义，企业通过讲述品牌故事、构建理想化的品牌社群、培育品牌精髓等激活品牌。何佳讯和李耀（2006）则从认知心理和社会心理的联合视角研究品牌激活的原理与决策，他们提出唤醒记忆、扩展意识、复古风格和改变形象的四大策略。而且尤其需要注意的是，若品牌的形象在消费者心中衰老，企业就需要有力的传播重塑形象（Lehu, 2004），营销传播则是品牌激活中及其重要的环节（Ewing et al. , 1995；Wansink and Gilmore, 1999；Merrilees, 2005）。

（2）老品牌激活策略：品牌重建。老品牌一定程度上也是成熟的品牌，它已经积累了独特的品牌资产，是原真、正宗的经典品牌。Keller（1993）就指出，这种真实性的内核有助于建构独特的品牌身份，是成功品牌的核心元素之一。在后现代社会中，人性和社会驱动个体追求真实性，真实性已成为当代生活的重要内容（Grayson and Martinec, 2004）。而另一方面，消费者购买老品牌，不仅关注其质量、工艺、秘方或绝活，而且重视其"良好的信誉"和"悠久的历史"。但问题是，不慎的创新和改变可能会侵蚀老品牌的资产、改变老品牌的真实性。因此，若激活老品牌，就需要慎重地考虑老品牌中那些历史赋予消费者的真实性感知所具有的价值（卢泰宏和高辉，2007）。那么，如何在创新的同时保持老品牌的原汁原味？如何利用消费者的怀旧最大限度地发挥老品牌的历史价值？鉴于老品牌的实际特征，品牌重建则是保持老品牌真实性的重要激活策略。

品牌重建是通过添加一些新元素来重建老品牌（Brwon et al.，2003），即改变品牌识别和品牌价值层面，包括改变品牌的名称、标志、定位和口号。Daly 和 Mononey（2004）将品牌重建划分为辅助变化（品牌标志、口号等外在因素的部分变化）、中度变化（重新定位）和完全变化（品牌名称、价值和形象的完全变化）三种形式，由此提出包括分析、计划和评价三方面的品牌重建框架。不过，品牌重建可能改变品牌的核心和部分要素，其过程既昂贵又耗时，且失败率高。因此，品牌重建一定要得到企业全体成员的认可，得到他们的支持。同时还要慎重考虑老品牌在消费者心目中的地位和形象，如品牌代言人的甄选要考虑重建中新老元素的结合（Kaikati and Kaikati，2003）。另外，Gordon 等（1999）认为品牌延伸是老品牌重建的重要途径，如以伞状品牌开发新产品，既能避免老品牌原有形象受损，又能创新老品牌的新形象（Gordon et al.，1999）。

三、研究缺口

如前所述，我国大量的老字号品牌存在着老化的问题。而鉴于老品牌的历史价值和消费者的怀旧心理，老品牌又需体现"老和真"。为避免个性冲突给企业带来的困境，国内外学者开始关注长期品牌管理（卢泰宏和高辉，2007；何佳讯等，2007；Keller，1999），例如，赵平教授（2006）"中国本土品牌成长与创新研究"国家自然科学重大项目课题组在理论和实务上成果丰硕。现有研究表明，长期品牌管理有品牌强化和品牌激活之分，品牌强化强调维系品牌的不变性，而激活强调通过改变品牌知识重塑品牌形象。它们的分歧体现在产品/服务、目标市场和营销沟通方面"传承和创新""变与不变"等要素的选择上（Kapferer，1992；Wiedmann et al.，2011）。

而另一方面，品牌处处散发着真实性（Goldstein，2003），消费者也需要真实的品牌体验（Keller，1999），但国内鲜有学者关注老字号的真实性问题。

我国老字号历史悠久，它们既拥有世代传承的产品和技能，又蕴含了工艺的道德观及其一贯传承的价值，它是典型的象征性和内涵性的产品。而真实性问题涉及的就是象征和内涵（Beverland and Francis，2010），因此，老字号是典型的"真实性蓄水池"，其"真实的要素"将会是它成功的核心元素之一（Keller，1993）。因此，真实的品牌内核是成功品牌的核心元素之一（Keller，1993），也是老字号品牌传承和创新的线索。而若能在传承和创新中融入老品牌的真实性要素，将会解决传承和创新的矛盾，但这是学者尚未关注而本项目试图解决的。因此，挖掘老字号的真实性，有助于塑造独特的品牌身份，唤起回忆，延续消费者与品牌之间的情感联系和忠诚关系（Leigh et al.，2006），为解决老字号老化问题提供崭新的思路。但是，老字号的真实性是什么？如何挖掘老字号品牌的真实性？蕴含真实性的老字号能否影响消费者对个性的感知？这能否得到消费者的认同？它对消费者的态度和行为有什么影响？这些都是利用真实性理论解决老字号老化困境中亟待解决的理论问题。

第二节　相关理论基础

本书探讨老字号的真实性及其作用机理，真实性的内涵和影响涉及知识的社会建构，而真实性对消费者态度和行为意向的影响机理构建涉及消费者的社会分类、比较与区分。因此，本书引入社会建构理论和社会认同理论，以此作为老字号真实性及其作用机理研究的理论基础。

一、社会建构理论

"真实性"这个概念最初被用于描述博物馆的艺术展品，后被用于哲学领域的人类存在主义研究，近年来又从旅游领域延伸到市场营销领域。在商业化的市场环境下，消费者可以从产品或服务的消费中获得真实性的体验，进而产生价值感知、认同和行为意向。因此，为了能够更好地揭示老字号真实性的内涵及其影响机理，本项研究理论模型的建立及其假设的提出将会建立在社会建构理论和社会认同理论等社会学、哲学和营销学的理论基础上。

从后现代主义视角分析，建构主义已经在历史、艺术、神学教学、文化和社会科学等领域产生了深远的影响（Matthews, 1998）。20 世纪初，以 Vygotsky 为代表，社会或社会群体的建构主义学者将建构主义引入社会学和文化研究领域，由此拉开了社会建构主义（social constructivism）的理论研究。

（一）社会建构主义的理论渊源

零散的、不成体系的社会建构主义思想古已有之，其背后的基本思想可以追溯到古希腊，如苏格拉底的"精神助产术"① 和柏拉图的"理念论"② 都包含了"知识来自于人类思维建构"的观点。18 世纪 20 年代，以法国为代表的欧洲世界掀起了一场批判唯心主义的启蒙运动，他们认为事物的真相是个人在客观和科学依据的基础上做出的判断。随着现代主义思潮的兴起，现代主义者主张，要探索事物的真相，就要努力发现隐藏在事物表面下的规则和结构，关键还要怀有正确的信念。然而，之后的后现代主义思潮反对规则和结构决定一切，它倡导用领会的原则理解世界。他们认为：①应该用文本形式来解读社会；②社会的结构需要将社会科学的中心从结构转向文化；③后现代主义需要文化的相对主义和多元论（Gerard, 1997）。

随着古典知识学的兴起，社会建构主义思想初步形成。知识社会学主要关注人类思想和其从中产生的社会背景之间的关系，它认为社会文化是知识生产的决定因素，它既要关注社会中有关经验的知识，还要关注把这些知识建构为"现实"的各种社会过程（伯格，卢克曼，2009）。弗里德里希·威廉·尼采（Friedrich Wilhelm Nietzschean）将人类的思想视为生存和权力斗争的工具，视"欺骗他人"和"自欺欺人"为人类生活的常态，并以此建立"虚假/谬误意识"论。威廉·狄尔泰（Wilhelm Dilthey）提出历史主义论，他认为人类的思想和行为受到具体时空的限制，因此只有将其置于特定的文化情境中才能对其

---

① 苏格拉底在同他人谈话、辩论或讨论问题时，常先提出问题向他人请教，通过反驳和启发，诱导别人把苏格拉底的观点说出来，但他却认为这个观点是对方心里本来就存在的，自己只不过是通过提问把对方的观点明确而已。这个过程被他形象地称之为"精神助产术"。

② 柏拉图把世界分为"可知世界"和"可感世界"，即理念世界和现象世界，两个世界是原本和摹本的关系，即理念世界是原本，而现象世界是理念世界基础上的摹本。

作出真实的判断。卡尔·马克思（Karl Marx）在其《政治经济学批判》（1859）中阐释了他的基本观点，即人类的意识是由他的社会存在决定的，人类的思想扎根于他们的活动以及这些活动所产生的社会关系，用他的话来说就是"经济基础决定上层建筑，社会存在决定社会意识"。卡尔·曼海姆（2001）（Karl Mannheim）进一步认为，社会不仅决定着人类意识的表象，而且决定着其内涵（数学、部分自然科学除外），所有的意识形态都是社会的产物。从曼海姆关于意识形态的表述中可以看出，任何人类思想都不可避免地受到其社会背景意识形态化的影响。

之后，在符号互动论（symbolic interactionism）、知识社会学（sociology of knowledge）、现象社会学（phenomenological sociology）以及常人方法学（ethnomethodology）的影响下，众多学者从特定的角度研究社会的形成。

符号是所有能代表人的某种意义的事物，而这一事物之所以成为符号是因为人们赋予了它社会所公认的某种意义。符号互动论认为，人们的行为是有社会意义的，他们以各种形式的符号为媒介进行社会的互动（安维复，梁立新，2008），并根据这些符号中蕴含的意义做出针对性的反映，而且这些意义又来自于互动，在互动的过程中人们能够修正或改变社会意义。在赫伯特·布鲁默（Herbert Blumer）提出的符号互动论中，符号的意义尤为显著。他认为，个体的行为是根据其被赋予的意义进行的，其意义则来自于个体在社会中与他人的互动，而且在互动中其意义能够被个体修正甚至改变。舒尔茨（Schults）则较早的提出"常识建构"的概念，他认为社会科学家的工作其实就是"二度建构"，其对象并非直接的社会事实，而是个体对其日常生活的建构。哈罗德·加芬克尔（Harold Garfinkel）的《常人方法学研究》（study of ethnomethodology）也具有社会建构主义的倾向。他在书中认为，社会秩序是个体在社会互动中建构的，人类社会就是个体在日常生活的互动中根据常识推理的逻辑建构的，而互动中语言表达则是现实得以建构的首要方法。

（二）社会建构的内涵

社会建构一词由 Begger 和 Luckmann（1996）在其《现实社会建构》一书中明确提出，但究竟什么是"社会建构"？从学理上，部分学者把社会建构理解为新康德主义、方法论的相对主义和社会文化绝对论等等，不过包括许多社会建构者至今对其内涵也都语焉不详（Pinch，1996）。

正是由于对社会建构的理解"仁者见仁，智者见智"，部分学者认为很多的社会现象是由社会建构产生的（安维复，梁立新，2008）。Hacking（1999）汇集和罗列了以往学者的研究范畴，认为现实、知识、同性恋文化、事实、性别、情感、技术系统、友谊、研究儿童看电视的问题专家、口头历史、后现代主义、女性难民、权威、年轻无家可归者、系列谋杀、祖鲁民族、风险、自然、城镇教育、疾病等都是社会建构的产物。正如诸多研究学者所言，不同的学者针对社会建构有不同的理解，甚至在同一著作中对其研究也可能并不简单明了。不过尽管社会建构主义的思想可谓百家争鸣，但它们理论的实质却都是从社会过程的角度来研究知识，即知识是由社会建构的。

Berger 和 Luckmann（2009）指出，人类的日常生活世界"不仅是一个被社会中的普通人在其主观上觉得具有意义的行为中视为理所应当的现实，它也是一个缘自人们的思想和行动并一直被其视作是真实世界"。人类日常生活中知识来自于主观过程（与意义）的客观化，通过这一过程，主体间的常识世界才能够得以建构而成（Berger and Luckmann，2009）。社会现实（日常生活的现实）是如何被建构的？两位学者指出，人类是通过社会实践建构了自身以及社会现象，具体而言就是"通过外化（externalization），社会成为人类的产物；通过客观化（objectivization），社会成为自成一体的实体；而通过内化（internalization），人类成为社会的产物"，即社会的建构过程就是外化、客观化和内化循环作用的过程。其中，外化是指人类将其内在意识通过社会活动在外部世界得以实现，人类活动外在化的产物获得客观性特点的过程就是客观化，而内化则是指把客观化了的外部实体世界转化为人类内在意识的过程。两位学者进一步指出，通过制度化（institutionalization）和合法化（legitamation）外化和客观化可以实现，通过人类的社会化实现内化即客观化的知识通过社会活动进入人类的意识。由此，Berger 和 Luckmann（2009）认为，现实是社会建构的。

Hacking（1999）提出社会建构隐含的四个前提，针对"X 的社会建构"解释社会结构的内涵。他说，若 X 是社会建构的，那么这就意味着 X 就是一个历史的过程、是可以选择的、是一种骗局、是可以改进的、是坏的、是可以采取行动的。在他看来，社会建构本质上是一种社会批判，它同批驳、揭露、改革、反抗和革命等政治态度相联系。从一定意义上，Hacking 关于社会建构的内涵倾向于削弱知识及其范畴的权威性。

国内学者安维复（2009）从社会建构的社会性角度解释社会建构的内涵。在他的观点中，X 若是社会建构的，那么意味着 X：①是社会性的而非个人性的；②既是心理的过程，又是社会的过程；③而且是可以被反思、怀疑、改进甚至颠覆的（安维复，2009）。总而言之，社会建构这个术语的核心语义乃在于"共建"（安维复，2009）。

二、社会认同理论

社会认同理论的研究起源于心理学，并在群体行为的研究中不断地发展和成熟起来。在最简群体范式（minimal group paradigm）的基础上，英国学者 Tajfel（1978）率先明确提出社会认同理论。随着社会认同理论在欧洲的蓬勃发展，美国 20 世纪 90 年代开始相关理论的研究，并迅速跻身美国社会心理学研究主流理论之一。

（一）社会认同理论及其内涵

认同（identity）源于拉丁文 Idem，用来表示人与人或物与物之间相同和没有差异。1923 年，Freud 在其《自我与本我》中首次提出"认同"一词，在其后续出版的《精神分析引论新讲》一书中，他对认同理论做了精辟的总结（Freud，1933），即①认同自我是个过程，即把自我同化为另一个自我的过程；②认同是对另外一个人的依附；③若失去客体，个体可以通过认同得到补偿；④通过认同，产生了超我；⑤并且带来认同的代际遗传性。因此，Freud 认为，认同是个人对他人价值规范模仿和内化的心理过程。

Tajfel（1986）区分了个体认同与社会认同（social identity），不同于个人特有的自我参照即个体认同，社会认同是基于群体成员的自我描述。因此，他将社会认同理解为当个体认识到他属于某个特定的社会群体时，他会认识到作为群体成员能够带给他情感和价值上的意义（Tajfel，1986）。社会活动是非判断的标准之一是他人的看法，即不管是"中国式过马路"，公共场所是否可穿拖鞋，还是宴会上如何吃螃蟹，周围人的做法对于我们的行为产生了潜移默化的影响。群体成员身份意识是群体行为的基本条件（Tajfel，1970；Tajfel et al.，1971），群体行为又会强化群体成员的身份意识。也就是说，若个体认为自己属于某个社会群体并以群体成员来确定自己时，这种群体定位的自我知觉便会产生心理区分效应。此时，当个体行为与群体认知或行为相一致，认同就会产生，一致性程度越高，个体就越会维系和强化其行为，并主动强化与他人的认同交流，反之个体就会对其行为进行调整（Sharon，1990），如想方设法实现区分甚至离开群体。

Jenkins（2004）区分了内在认同与外在认同。内在认同是群体成员在主观上对群体具有的归属感，其内在边界为全体成员主观认同或认定的边界；而外在认同则是指社会对某一社会成员群体的归类和划分，其外在边界就是社会赋予的某一群体的边界。

（二）社会认同的基本过程

Tajfel（1982）认为，社会认同由社会分类（social categorization）、社会比较（social comparison）和积极区分（positive distinctiveness）三个过程组成。

1. 社会分类

社会分类是指人们把人、事件和对象等进行分类的过程。Turner（1987）的自我归类理论认为，人们在社会活动中会自动地将事物、人和对象分门别类，即"物以类聚、人以群分"。社会成员会被自动的划分为内群体和外群体，在内群体与相关外群体的相互比较中个体产生了社会认同。个体在将自我视为某一群内成员时，他会将该内群体的特征赋予其自身，个体的自我定型就实现了。通过社会分类，个体通常将资源分配给内群体的成员。

2. 社会比较

个体往往有评价自我的需求，但若无法形成自我评价，他们将会通过与他人的比较来评价自己。因此，个体往往将自己所属的群体与其他相关群体在各个方面进行比较，这个社会比较的过程使社会分类的过程更有意义，是个体获得社会认同的重要途径。而受到"增强效应"（accentuation effect）① 的影响，社会成员在区分过程中会试图把内群体和外群体的差异最大化，即夸大群体间的差异性和群体内的相似性。如此，个体不对称的评价可能产生，结果是个体更会倾向于偏向所属群体，而与那些有差异的群体保持距离。

3. 积极区分

社会认同理论假设，群体行为源于自我激励的基本需要。群体成员为了实现自我激励的需要会突出某些特长，在群体间进行社会比较时，某些方面要比其他群体成员更出色，群体间积极的区分就会产生。群体成员若热衷于所属群体，他就会认为所属群体比其他群体好，这种内群体成员感受的优势显著地提高了内群体成员的社会认同。但另一方面，过度的积极区分会使外群体成员认为所属群体优于其他群体，这可能使外群体成员感受到面临降低自尊的威胁，因此容易激起群体间的偏见、敌意甚至群体间冲突。

（三）社会认同对消费者态度和行为的影响

随着社会认同研究的逐步深入，学者开始研究其对消费者态度和行为的营销，而且这被视为一个重要且有效的研究领域（Reed and Forehand，2003），但可惜的是目前相关研究尚为数不多。

消费者往往倾向于购买与其社会身份一致的产品或品牌，而他们的消费行为一定程度上又成为建构其社会身份的过程。Reed 和 Forehand（2003）在 Forehand 等（2002）、Stapel 等（2000）学者的研究基础上，构建了社会认同与消费者消费行为关系的整合模型。李颖灏和朱立（2013）在学者研究结论的基础上，提出了一个社会认同对消费者态度和行为影响的整合模型（见图2.3）。

首先，消费者的社会认同是否可及（accessibility）和是否可诊断（dianosticity）是社会认同影响消费者行为的前置因素。可及性是社会认同在消费者自我概念中被唤起的结构程度（Forehand et al.，2002）。在此阶段，环境的差异性会强化消费者特定社会身份的凸显性。而不同环境下的消费情景身份暗示会

---

① Secord（1959）在实验中要求被试者从呈现的一系列不同人种的面部照片区分面部的黑与心理上的黑，被试将图片划分为黑白两组，并倾向于夸张两组间的差异和同组间的相似。

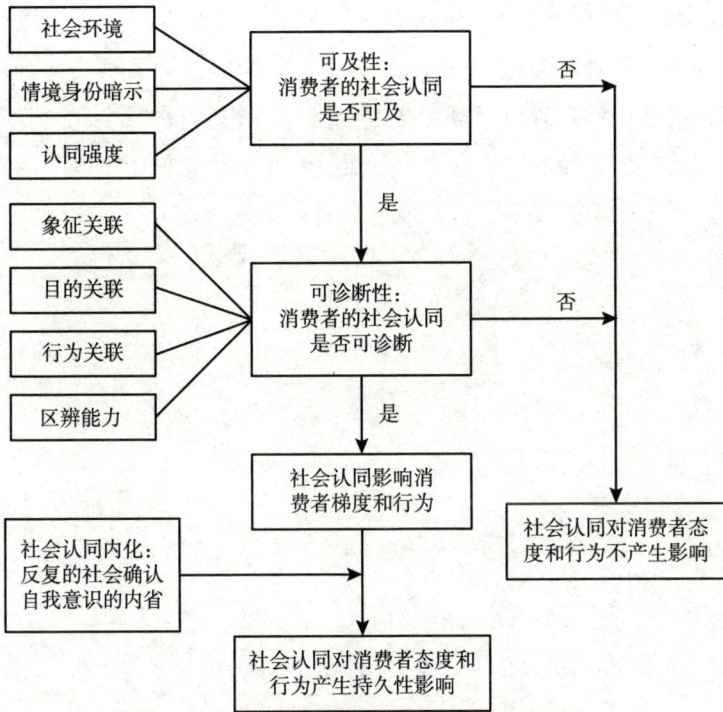

图 2.3　社会认同对消费者行为的影响机理

资料来源：李颖灏，朱立．社会认同对消费者行为影响研究的述评［J］．经济问题探索，2013（2）：165-170。

产生消费者特定的身份关联，激发消费者区分和认同其社会身份的类别。另外，消费者社会身份对自我的重要性影响着其身份认同的强度，该强度进而影响着消费者身份的价值感知。

　　若社会认同是可及的，消费者开始关注其社会认同是否是可诊断的。可诊断性是消费者对所属群体与相关群体的可识别程度，即他对社会身份归属准确识别的程度，而这种可诊断性又受到社会身份与特定对象的象征、目的、行为的关联程度及其区分能力的影响（Reed and Forehand，2003）。如果特定群体所期望的社会规范与消费者的行为存在着较高程度的关联，消费者对该关联的感知就会强化；而与此同时，他们对这些特定对象所体现的社会身份的识别能力就会越强，此时社会认同越会影响其消费决策（Kallgren et al.，2000）。

　　当然，若消费者的社会认同不具备可及性和可诊断性，社会认同就无法对其消费态度和行为产生影响。而社会认同若要对消费者行为产生持久性的影响，还要受到社会身份内化（internalization）的影响，即需要消费者反复的社会确认和自我意识的内省。消费者在不断地与群体内外的社会化过程中，逐步积累了一定的知识和经验，这些知识和经验在消费者头脑中以观念的形式形成相对稳定、持久的态度体系，甚至成为自身人格的一部分，这将强化消费者的态度。

第三章

老字号真实性概念及其特征

通过文献回顾与评析可知，真实性尤其品牌真实性至今还没有一个被普遍接受的概念，其原因可能在于消费者会在不同情境下通过不同的线索诉求真实性（Holt，2002），真实性的内涵也就有所不同。而且基于中国文化背景下的老字号研究有别于国外老品牌和经典品牌的现有研究，真实性的理论尤其概念就无法照搬到老字号的真实性研究中。概念的界定和区分是老字号真实性研究的前提和关键，因此本书的核心问题由此产生，即消费者感知的老字号真实性是什么？这些真实性感知具有什么特征？本章将利用扎根理论集中探讨这一问题。

第一节 老字号与真实性的概念

老字号（time-honored brand）是数百年来手工业和商业竞争留下的物质和精神遗产，它们各自大多经历了市场沉浮而屹立至今。但随着现代商业的发展，很多老字号逐步老化，市场竞争黯然失色。据商务部统计，70%的老字号步履艰难，20%左右仅能够维持经营，只有仅10%左右能够真正生存下来。老字号不仅仅是一种商贸景观，更重要的是它们是中国历史传统文化的现象，因此规范和发展老字号是政府和企业关注的话题。政府在1991年全行业的老字号认定中，有1600余家老品牌被授予老字号称号。2005年6月，中国商业联合会公布中华老字号认定范围征求意见稿，中华老字号认定工作全面启动。2006 年 4 月，国家商务部发布了《"中华老字号"认定规范（试行）》"振兴老字号工程"方案，重启在百货、中药、餐饮、服装、调味品、酒、茶叶、烘焙食品、肉制品、民间工艺品和其他商业、服务行业等领域中华老字号品牌的认定工作。2006 年商务部认定并公布了 430 家 "中华老字号"，2011 年在商务部在杭州的"全国中华老字号工作会议"又公布了699 家 "中华老字号"，至今全国共有 1129 家 "中华老字号"，其中上海以180 家排名居首，北京和江苏分别以 117 家和 96 家紧随其后。"中华老字号"的认定体现了政府关注老字号建设，促进民族经济发展的决心，不仅为老字号企业的传承和创新提供了政策支持，也为学术界提供了新的研究视角和领域。

早在北宋时期，字号又称之为商号，是用来表明或标榜自己铺子的特色与诚信。发展至今，很多人认为老字号就是老商铺、老品牌。其实，老字号不仅体现为经营时间长，还包含在长期的经营中形成的被广泛认可的商誉。究竟何为老字号？国外多称之为老品牌（old brand），而国内的界定则尚未统一。"北京老字号发展研究"课题组（2004）将老字号界定为"经营者在长期的市场竞争中以其商品的独特性、优质性和信誉的可靠性而确立的，区别其他经营者及其商品的称谓，简言之就是历史悠久的商品品牌或商店招牌"。张术麟（2004）认为，老字号是"创办已有一定的时期，产品或服务质量优良，有较广泛的知名度和历史影响，商誉良好，生意经久不衰的经营体的名称"。而目前被广泛接受的概念是商务部 2006 年《"中国老字号"认定规范》中的中华老字号概念，它是指"在长期的生产经营活动中，沿袭和继承了中华民族优秀的文化传统，具有鲜明的地域文化特征和历史痕迹、具有独特的工艺和经营特色的产品、技艺或服务，取得了社会广泛认同，赢得了良好商业信誉的企业名称，以及老字号产品品牌"[①]，它们广泛分布在商业零售、饮食、医药以及酒类制造等行业。

另一方面，关于真实性的概念，目前学者的观点仁者见仁，智者见智。持要素论观点的学者对品牌真实性理解多基于一组消费者感知的独特品牌要素（Brown et al.，2003），包括品牌传统特征、设计独特、产地正宗、工艺传承

---

① 概念来自于 2006 年商务部颁布的《"中华老字号"认定规范》。

（Beverland，2006）、长寿、权威（徐伟等，2015）等，品牌的真实就是这些要素的真实和纯正。持营销过程论观点的学者认为，真实性在品牌体验、延伸、并购和广告等策略上的广泛应用激发和深化了学者对品牌真实性概念的理解，消费者在企业品牌策略的实施与参与中寻求品牌的真实。而关系论则认为，真实性是基于品牌实现的人与品牌、人与人之间的诚挚关系。例如，Beverland（2009）将真实性视为"通过宣扬传承（包括生产方法、产品形式、公司价值和/或所在区域）、对工艺的热情，以及公开回避现代工业特征和商业动机等途径平衡工业化的（生产、分销和营销）和修辞化的属性从而生成出真挚的故事"，而更多的学者则将真实性视为"非黑即白"的客观真实或建构真实。徐伟和王新新（2012）从不同的研究视角对真实性的概念进行了详尽的梳理（见表3.1），通过分析发现出各类真实性概念的交叉和贯通之处。首先，真实性存在客观绝对性和主体存在性两个极端，原真的客体和本真的自我是真实性产生的两个极端线索（徐伟，王新新，2012）；其次，众多学者的观点并非相互排斥，他们的区别在于真实性判断标准的主客观偏重尺度问题；最后，真实性的判断不仅取决于客体内在的属性，而且取决于特定的感知者和特定的情境（Bruner，1994；DeLyser，1999）。这也就是说，无论真实性是否是事物与生俱来的内在属性，即使是客体的原真，它仍然是有客观的判定标准，其评判标准及其评判过程也必然会存在人类的社会建构。因此我们研究认为，真实性实质上应该是人类对客体与其原物一致性的主观感知，即本书探讨的真实性概念是基于消费者感知的真实性概念。而老字号作为一种产品，一种商贸景观和历史传统文化现象，它的真实性是什么？据笔者目力所及，尚无学者探讨这一问题。

第二节 研究方法与数据来源

本书旨在探索消费者对老字号真实性的感知，而老字号真实性问题很难从已有的文献成果中获得理论解释，且有关真实性的各种观点很难形成一致性的看法，因此本书只能通过质性的研究在数据和资料中发现问题并构建真实性的概念。深度访谈（in-depth interview）是质性研究的一种主要方法，它通过与被访谈者的深度交谈来了解某一群体的生活方式和生活经历，并通过对访谈资料和数据的整理和分析探讨社会特定现象的形成过程。在访谈中，访谈双方都有一定自由度来共同探讨访谈的主题（Herbert and Irene，1995），能够探析被访者的内心思想，因此适合被用于探索和界定尚未构建维度的新概念（Charmaz，2006）。

本书的访谈选择在老字号集聚较多的北京、上海、合肥三个城市进行。访谈遵循理论抽样的原则（Locke，2001）确定访谈对象的选择标准：①被访谈者有老字号购买和消费的经历；②被访问者在人文特征（性别、年龄、收入、职业等）和品牌经验上有较大的差异性，以此增强访谈的解释力；③要求被访谈者要对老字号有一定的认知和理解，能够独立、系统思考老字号的文化，故没有选择18岁以下的被访者。为确保研究的集中度和有效性，深度访谈的样本数量应在28~40为宜（Gubrium 和 Hosltein，2001），遵循理论饱和原则，研究最终共选择32个受访对象。

本书依据采访提纲进行了一对一深度访谈，并作录音（访谈提纲见附录A）。在访谈前，首先向被访者介绍本次访谈的目的和真实性的背景资料，然后再根据事先拟定的提纲开始提问。访谈中，访谈者通常会根据被访者的回答做针对性的追问，并鼓励被访者举出具体的事例或故事。每次访谈的时间大约40分钟，事后由研究生将录音资料转化为文本，共计10万余字。然后，采用扎根理论对文本数据进行开放式编码、主轴编码和选择性编码三步编码（Pandit，1996）构建老字号真实性概念理论。编码中采取持续比较的思路，通过资料的补充不断地提炼和修正概念，直至达到理论饱和。具体思路如图3.1所示。

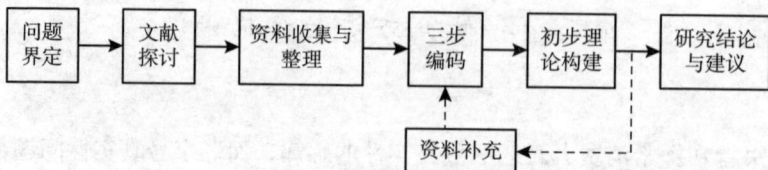

图3.1　扎根理论的研究思路

第三节 范畴提炼和概念建构

一、开放式编码

开放式编码（open coding）是为了指认现象、界定概念、发现范畴，即聚敛零散资料（Pandit，1996），实现资料的概念化。本书首先逐字逐句地对原始访谈资料进行分析，为了尽量减少研究者个人主观的偏见和定见，研究尽可能使用被访者的原话。通过对数据的整理和分析，共提炼 348 条信息，其中 2/3 用于建模，剩余的 116 条信息用于理论饱和度检验。然后，对各条信息进行初始概念化，从中提炼出 65 个初始概念。再次，将层次较低、数量庞大且一定程度上交叉重复的初始概念进一步提炼，实现概念的范畴化。因此，本书剔除出现频率低于两次的初始概念后，得到了真实性的初始概念和范畴，如表 3.1 所示。

表 3.1 　　　　　　　　　　　　开放式编码形成的范畴

编号	范畴	概念
1	原真	原料正宗；配方神秘；牌匾、商号不变；品牌来源地
2	建构	与历史人物相关；与历史事件联系；传统工艺制造；传承工艺贮藏；身着传统服饰制作或经营；传承的工艺和制作技术；质量一如既往；选料考究；传承文化；历史悠久；品牌（产品）设计有地方特色；服务具有地方特色
3	权威	获得认证；业内有影响力；符合行业规范
4	责任	价格公道；济世养生，同修仁德；童叟无欺；关注公益；关爱员工；淡化商业色彩
5	个人自我	梦想；传奇；风格和期望；美感；身体放松；积蓄能量；自我探索；自我实现
6	社会交际	炫耀、展示；融入群体；得到他人认同
7	道德自我	投身文化保护；传播；实现自我价值

二、主轴编码

完成开放式编码后,将与研究问题相关的范畴挑选出来形成主范畴,以分析主范畴与对应范畴以及主范畴之间的关系。本书根据不同范畴在概念层次上的相关联系和区别对其进行归类,共归纳出客观真实、建构真实和自我真实三个主范畴。各主范畴及其对应范畴如表 3.2 所示。

表 3.2   基于主轴编码的三个主范畴

编号	主范畴	对应范畴	主范畴的内涵
1	客观真实	原真	与老字号成立之初一模一样,没有任何变化
2	建构真实	建构、权威、责任	依据信仰、观念、权威等,基于老字号的客体形成对老字号与原物一致的看法
3	自我真实	个人自我、社会交际、道德自我	消费者购买或使用老字号时,通过与个人道德、意志的关联和与他人的交往实现内心真实的自我,展现自我存在的价值

三、选择性编码

选择性编码是指从主范畴中挖掘出核心范畴,将最大多数的主范畴囊括在一个较为宽泛的理论概念之内,即在所有已经发现的概念类属中,经过系统分析,选择一个核心类属,分析不断地集中到那些与核心类属有关的概念上(陈向明,1999),进而构建一个扎根的理论概念模型。就本项研究,我们结合前面提炼和总结出的概念、范畴、主范畴,再对资料和编码进行反复的比较和分析,最终构建出老字号真实性内涵的结构体系图(见图 3.2)。这个概念体系是通过扎根理论反复比较和编码提炼出来的,能够较为全面反映老字号真实性概念的结构。

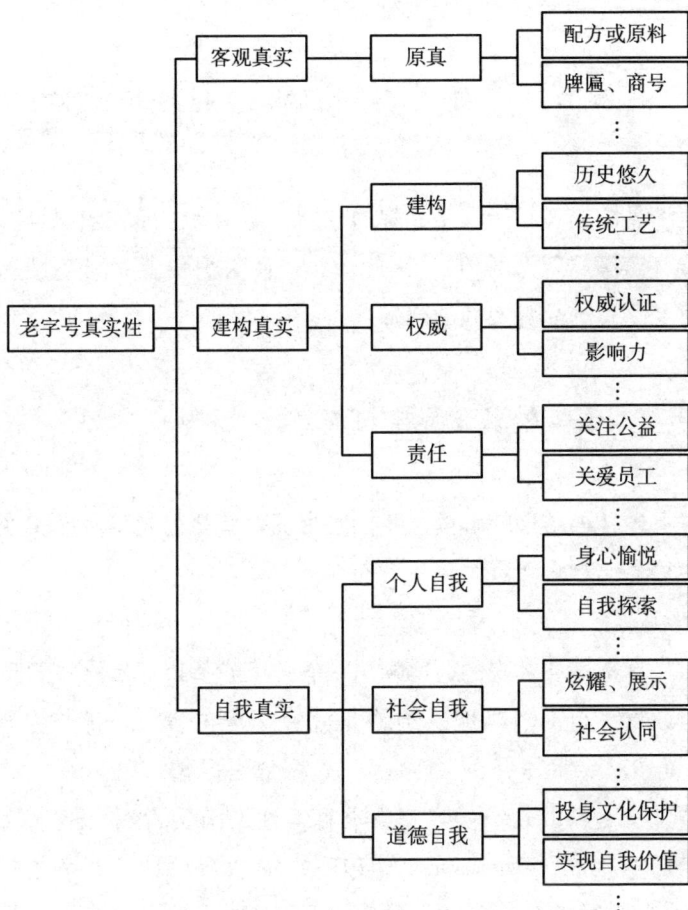

图 3.2 老字号真实性内涵的结构体系

四、理论饱和度检验

为确保概念模型的效度，研究有必要对其进行理论饱和度检验，即当不能得到可以进一步提炼某一范畴特征的数据资料，该理论就趋于饱和（Pandit，1996）。研究将剩余的 116 条信息用于理论饱和度检验，结果显示，概念模型中主范畴已经比较完备，均未发现新的重要范畴，三个主范畴内部也未形成新的范畴。因此可以认为，本书的理论概念模型理论上是饱和的。

第四节　老字号真实性概念与特征阐释

品牌是产品的灵魂，产品是品牌的载体，消费者的品牌知识可以来自产品意义的塑造（蒋廉雄等，2012），因此，我们认为消费者对老字号真实性的感知包含了对老字号产品真实性的感知。

一、老字号真实性概念界定与阐释

通过对上述扎根结果的解读，我们发现消费者认为老字号真实性体现在客观真实、建构真实和自我真实三个方面。

1. 客观主义真实

客观主义真实性从客观的、博物馆学的角度看待市场供给物的真实性，强调供给物与原物完全对等，即供给物是完完全全的真，不能掺杂丝毫的假，MacCannell（1973）将其视为"后台"。"后台"是事实（true）、亲密（intimacy）和真实的（authenticity），是诉求真实性的消费者竭力追求的，也是老字号的立老之本。依照 MacCannell（1973）的后台理论，老字号的"后台"（即原物）是老字号的原生文化，不仅包括一成不变的原物客体、新颖独特的原始工艺，也包括老字号初始的经营理念与价值观。按照客观主义者的观点，老字号客观真实的判断标准是"是否是原物"，即是否是传统文化、原先性、原创性和独特性的。此时，消费者将老字号自始至终未变化的要素视为客观真实的，它们就是原物。例如，"北京同仁堂"传承"炮制虽繁必不敢省人工，品味虽贵必不敢减物力"古训，历经近 350 年的风风雨雨，其牌匾一直未变；"五粮液"一直沿用《陈氏秘方》的传统工艺，"大米糯米各两成，小麦成半黍半成，川南红粮凑足数，地窖发酵天锅蒸"的五谷配方传承至今；"狗不理"包子固定 18 个褶，褶花疏密一致如白菊花形。这些中华老字号的产品或其品牌传承至今，没有掺杂丝毫的人类社会意识和活动，它们是完完全全的真，没有掺杂丝毫的假。

2. 建构主义真实

依照 MacCanell（1973）的前后台理论，老字号的"后台"即原物是神秘或封闭的，消费者很难接触或理解，这需要通过"前台"展示它的原物。而市场实践证明，一成不变的老字号势必老化，绝对客观真实的老字号要素即原物已随老字号企业的长期经营逐渐消逝，消费者理解的真实大多是基于个人意志对老字号不变的期望或看法。建构主义认为，社会是人创造、建构的，事物之所以表现为真实并不是因为它生来就是真实的，而是因为人们依据信仰、观念、权威等对它们的建构，并且这种建构的真实随着社会的发展渐变成真正的真实（Cohen，1988）。"道光廿五"勾兑于窖藏自公元 1845 年的原浆贡酒，"中华老字号"源自商务部的权威认证。根据访谈资料可知，老字号的真实体现在它们继承了传统的工艺（工艺已融入现代元素）、传承了历史文化（文化已涉及人类活动）、得到权威认证（权威机制证明其为真实）、持续关注公益（体现了部分老字号成立的初衷）等要素上，这些要素依旧建立在原物之上，一方面它不要求与原物的绝对一致，另一方面又在传承中融入了人类社会意识和行为，与原物相比它们的真实是社会建构的产物。因此我们认为，部分消费者认为的老字号真实是消费者关于老字号现客体与老字号原物一致性程度的感知，即基于老字号原物的社会建构。

3. 自我真实

老字号的消费过程在一定程度上也是历史文化的体验过程，其悠久的历史和文化被视为消费者购买的价值来源，也是合理性和真实性的文本标记（Penaloza，2000）。首先，老字号因其悠久的历史和传承的文化，极易诱发消费者怀旧情感。商业化抑制了消费者的自我（Wallendorf and Arnould，1991），消费者常感身心不适（包括沮丧、抑郁等状态），他们的生理和心理在日常生活中被牢牢束缚。借助老字号的消费，消费者产生怀旧情感，即通过对过去消费体验的回味激发出积极的情感联想，这帮助消费者极易从生活的束缚中摆脱出来，使其内心产生更自由、更真实的状态，如同访谈所述"……它让我内心很平静，忘记了现在的压力……"（薛先生，长春，42；"回力"）。其次，中国的消费者受到传统文化尤其儒家文化的影响，其消费体现出很强的等级性（Wong and Ahuvia，1998），他们尤其看重产品或品牌的象征意义和同一群体中他人对自己行为的评价（Yang，1981）。老字号的文化价值则界定了消费者的角色、社会群体归属，其蕴含的丰富象征意义能够体现个人社会身份和地位，消费者在炫耀、展示中实现了社会自我。最后，老字号在长期的生产经营实践中，凝聚着数代经营智慧、吸收了民族传统文化精髓，在与当地风土人情交融中创造和传承了丰富的文化遗产，它们是中华民族文化的瑰宝，传承和发扬老字号文化成为整个社会的责任，因而消费者在老字号的消费者实现了道德的自我。因此，基于对老字号原初历史和文化的好奇、喜爱甚至崇拜，消费者通过购买或消费在愉悦身心和利用老字号探索个人兴趣中实现了个人自我，在炫耀、展示中实现了社会自我，在传统文化的保护中实现了道德自我。因此，部分消费者视真实性为个体在追寻老字号原物表达意义过程中的自我真实。

可以看出，老字号具有悠久的历史，世代传承的产品、技艺或服务，以及鲜明的中华民族传统文化背景和深厚的文化底蕴。一方面，蕴含传统工艺、天然原材料和悠久惯例的老字号依旧保持它们的原初设计，它们对质量和传承的承诺和坚持让老字号即使在顾客需求不断变化的市场中依旧保持与原初的一致（Beverland，2005；Peterson，2005）。另一方面，老字号蕴含特定的诸如传统文化、习俗、地域和信念等信息，由此产生的独特身份和怀旧情怀增添了它们的真实性（Brown et al.，2003；Penaloza，2000；Postrel，2004）。另外，体现老字号传统的怀旧形象可能并非来源于"现实"，随时间的推移它会演变为特定的品牌文化并获得超越其原初形象的象征性意义，老字号消费者的自我真实随即产生（Kates，2004）。由此可见，真实性是老字号现客体或自我主体展示老字号原物程度的感知，这种感知①直接或间接来源于老字号原物；②产生于个体体验，受消费情境和个体意识影响；③且追求老字号的真挚文化，淡化商业动机。因此，我们认为，老字号真实性是消费者对老字号纯正性的主观评价，而纯正是指老字号的形象与其传承、怀旧、文化象征、工艺、质量承诺、设计一致等传统要素的一致，它有客观、建构和自我三种形式。虽然三种真实性形式的内涵有所不同，但基于文献回顾和扎根解读，研究认为它们都具有原物主导、社会情境驱动和非商业动机三个方面的特征。

二、老字号真实性特征分析

1. 原物主导

原物是老字号（包括其产品）的初始形态，原物主导则是指真实性感知的形成来源于老字号原物，即无论老字号真实性体现为何种类型，它都有初始来源。一种极端是，真实性是物体固有的，Postrel（2003）将其称为"真实性的客观典范"，这种真实性不包括对历史、质量或艺术的改变。"……我认为它是真的……他们的牌匾虽然已斑驳不堪，但一直使用至今没有任何变化，就如同他们的历史……"（赵先生，北京，43 岁；"同仁堂"）；"……它的包装和我小时候吃的时候一模一样，还有层糖果纸……它是真的，还是我以前吃的……"（许先生，郑州，34 岁；"大白兔"）。被访者视老字号为真实，是认为它们与原物客体一致，是与原物客体比较的结果。这种情况的真实有客观和绝对的衡量标准，即客体原物。

另一种极端是通过老字号的消费实现了自我真实，他们只有把"自我"当作具有意义和真实性的艺术作品，才能实现自我认同的建构和表达，而这又必须借助真实性的客体。"……小时候我爸妈经常买给我们姐妹俩吃，姐姐每次都多分我一些，真的很好吃……现在每次吃，都感觉好像回到了小时候，好像姐姐就在我旁边……所以我个人感觉它是真的，没变"（张女士，合肥，33 岁；"胡玉美"）；"……以前的那些老街坊们都喜欢老凤祥，认为是上海货，有面子，见面就聊……来上海后，周围有几个老太太曾问我带的镯子哪里买的，告诉她们是老凤祥后，她们之后见面经常和我聊天的……有了它，别人更愿意和我说话了"（雷奶奶，徐州，63 岁；"老凤祥"）。可以看出，老字号文化意义的物化形式，如品牌，被消费者当作是自我表达的象征或符号，充当人与人之间社会交往和沟通的媒介（Schau and Gilly，2003），甚至成为消费者的自我延伸（Belk，1988）。无论个体真实、社会真实还是道德真实，消费者的自我真实都来自于对老字号客体的认知或情感，它主要源于客体象征性或体验性的功能。

建构真实则是消费者依据信仰、观念、权威等，基于老字号的客体形成对老字号与原物一致的看法。例如，"我之所以认为它们是真的，是因为它们获得了商务部认定的'中华老字号'称号，这是相当权威的，若不是因为传统产品和文化，它们是不可能得到认证的……"（陈女士，南京，42 岁；"谢馥春"）；"它可是一百多年前的原浆勾兑出来的……绝对是正宗的"（马先生，大连，33 岁；"道光廿五"）。从访谈可见，部分消费者认可的真实是原物基础上的人类社会建构的产物，是消费者对客体的梦想、幻想、固有印象和期望等的影像（Bruner，1994）。而研究也表明，老字号若要解决老化问题，只能在传承中不断的创新（Keller，1999；Wiedmann et al.，2011），其客观真实的要素在市场商业化中将会走向"后台"甚至逐渐消逝，而建构的"前台"（Mac-Cannell，1973）则是体现老字号真实性的途径和手段。"后台"其实是消费者竭力追求的真实要素，它是原真的客体或文化，并保证了"前台"的真实性和可信度，因此也是"前台"真实即建构真实的基础。

2. 社会情境驱动

社会情境驱动指真实性是对所观察事物本质的社会建构的理解（Beverland，2006；Beverland et al.，2008；Grayson and Martinec，2004；Rose and Wood，2005；Thompsoon et al.，2006），其含义是情境性的（Bruner，1994；Chronis and Hamption，2008；Rose and Wood，2005）。首先，各种真实性虽以老字号原真的客体为基础，但消费者对它们的感知仍受到社会情境因素的影响。"……它是'凉茶始祖'，名字百年不倒，享誉海内外……"（王先生，北京，45；"王老吉"）。但被访者受到知识和经验的限制，尚不知真实性客体本身已成为社会的一个濒危"物种"（Holt，2002），王老吉品牌经百年商业扩张尤其与加多宝合作后虽巩固了"凉茶始祖"的地位，但"橘生淮南则为橘，生于淮北则为枳"，王老吉已不是百年前的王老吉，其客观真实性要素在商品化市场中日益消失殆尽。消费者之所以仍视之为正宗凉茶，主要归功于加多宝成功的品牌运作。而从本质看，品牌是重要的文化物，也是重要的制度化产物，它本身就是社会建构的产物。

老字号的建构真实是产生于体验的个人质量、文化等的感知，它是由情境和意识决定的，形成了舞台真实。"……'豫园'汇集了'湖心亭'、'南翔'、'丽云阁'等很多老字号……小吃特色品牌演示，彩扇现场制作，这才是正宗的……"（杨女士，上海，33；"豫园"）。这种真实是消费者在消费过程中所接触的一种现象，是经过品牌经营者修饰而搬上"前台"的社会表现形式，它受到消费者的动机、地方文化（MaCannell，1973）以及科学技术（Fjellman，1992）等社会情境的影响。另一方面，在社会和消费缺失深度、原真性和地方感（Baudrillard，1998）而假象丛生的社会，消费者只能从内部寻找真实。"我为什么现在还穿？我上学时就一直穿……我不关心鞋子变了没有，在篮球场上它让我内心很平静，忘记了现在的压力……"（薛先生，长春，42；"回力"）。与新兴品牌相比，老品牌的独特资产就是怀旧价值（何佳讯、李耀，2006），它使消费者把自己同过去联系起来，使消费者感受到真实的自我，他们从中寻找到快乐和愉悦。尤其在现在与过去（Brown et al.，2003）、现实与理想（Wang，1999）、虚假与存在（Belk and Costa，1998）、合法与欺骗（Kates，2004）等社会情境下，社会和个体意识不断地驱动消费者寻找真实的自我（Boyle，2003）。

3. 非商业动机性

非商业动机是指老字号的真实性应淡化商业色彩。真实性是当代生活的重要内容（Grayson and Martinec，2004），老字号的悠久历史被作为市场价值的重要来源，它是真实性的文本标记。一方面，老字号为了建立差别化优势不断挖掘真实性的要素，如诉之"原料正宗、工艺传承"的五粮液，遵循"炮制虽繁必不敢省人工，品质虽贵不敢减物力"古训的同仁堂，真实性逐渐成为老字号营销的重要手段。但过度的商业化可能会降低产品或品牌的真实性（Beverland and Luxton，2005），如广告夸大甚至扭曲了事实（Goffman，1990），市场细分和直接销售降低了真实性和价值（Fine，2003）。"……一连十二遍，简直不可思议……这改变了我对它之前'低调、朴实'的印象……"（陈女士，无锡，38；"恒源祥"）。究其原因在于消费者追求真实性的动机，即对老字号传承文化的推崇。他们或是喜爱老字号的原汁原味，或是将老字号视为忠实的朋友以寻找情感寄托，或是借助老字号表达独特和真实的内心世界。而若当消费者了解老字号的真实性被融入大量的商业成分，他们就有可能对营销进行抵制，甚至对营销者试图传达的意象进行彻底的颠覆（Holt，2002），真实的老字号将会面临贬值的风险。因此对于厂商，他们必须一定程度上掩饰其商业意图，正如 Beverland（2009）所言，真实性应该是"通过宣扬传承（包括生产方法、产品形式、公司价值和/或所在区域）、对工艺的热情，以及公开回避现代工业特征和商业动机等途径平衡工业化的（生产、分销和营销）和修辞化的属性从而生成出真挚的故事"。

　　本章基于消费者的角度，利用扎根理论的方法界定了老字号真实性的概念及维度，并阐释了其特征，这为老字号企业的长期品牌管理提供了新的思路和方法，并为老字号真实性的后续研究界定了理论基础。但限于研究的条件和能力，还存在若干的不足与有待解决的问题。例如，消费者的真实性感知具有很强的内隐性，深度访谈可能会错失被访者的表情和反应，而若深刻洞悉和发掘被访者的真实性感知则需要研究者丰富的访谈技巧和借助诸如认知神经科学等的研究方法。

第四章

老字号真实性量表设计与开发

量表（scale），即测量尺度，是确定主观或抽象概念的定量化测量程序。有关品牌真实性的研究至今仍相对较少，也鲜有涉及品牌真实性影响和作用机理的研究成果。究其原因主要在于，真实性不仅没有一个被普遍接受的概念，更没有相关的测量量表，这极大限制了对真实性概念的深入探讨及其在消费者行为领域的实证研究。为解决这一问题，本部分旨在相关文献和访谈的基础上构建老字号真实性的量表。

第一节　相关文献回顾及研究缺口

涉及真实性量表的国内外文献相对较少，且较多地集中在旅游学研究领域。Grayson 和 Martinec（2004）通过比较福尔摩斯博物馆和莎士比亚故居真实性的差异，用指号型和符号型两类真实衡量消费者感知的真实性。指号型真实是通过对故居实际线索感知、对故居假定线索感知和对故居时代实际线索感知三个项目进行测量，符号型真实则是通过对故居/时代虚构记录的符号感知、对古老物品的符号感知和对故居/时代历史记录的符号感知三个项目进行测量的。国内学者田美蓉（2005）将傣族歌舞的真实性细分为客观真实、存在真实和结构真实 3 大类 8 亚类和 17 小类，林龙飞等（2010）从建筑古迹、服饰、语言文化、行为活动、饮食和用品等维度衡量民族旅游产品的真实性，高燕和凌常荣（2007）从艺术、服饰、当地礼俗等 11 个方面测量民族文化旅游产品的真实性，而在古村落真实性测量指标的研究上，冯淑华（2007）将其归纳为古建筑和生活文化真实感知两个维度，徐伟等（2012）则将其维度划分为原真、建构真实、超真实和主体真实四个种类 14 个测项。量表统计如表 4.1 所示。

表 4.1 旅游真实性量

	真实性类型	亚类	要素
田美蓉（2005）	客观真实性	表演人员人种要素	民族；性别；年龄
		环境要素	表演场地；表演时间
	存在真实性	音乐要素	音乐节奏；旋律是否经过改编；是否采用传统乐器；演唱时的语言
		内容要素	歌舞表演的主要内容；节目表演的先后顺序
		舞蹈要素	舞蹈保持古老的基本动作
		服装要素	演出采用日常生活服装；演员的化妆沿袭傣族传统
		传承要素	歌舞的培养方式
	结构真实性		表演人员的精神面貌；主持人的解说；表演气氛
林龙飞，黄光辉，王艳（2010）	建筑古迹		原有建筑数量；原有物保护程度；新修建筑民族化元素
	服饰		服饰生产原料；生产工具；加工方法；穿戴人数；穿戴者年龄分布；穿戴时间与场所
	语言文化		使用频率；传承内容；使用或传承人数；使用或传承年龄分布
	行为活动		节庆中当地人参与程度；开展内容；举办场所；举办时间；开展程序；礼俗信仰盛行程度；礼俗信仰展现时机；礼俗信仰展现场所
	饮食		种类；口味；制作方法
	用品		数量；运用状况；加工方法；民族特色
徐伟，李耀（2012）	原真		自然环境；古建筑风貌；名人遗迹；民族服饰
	建构真实		居民生活原有方式；居民家庭结构及其传承；传统仪式或表演；民族化或地区化的语言
	超真实		原本子虚乌有的景观；新制定的村落和村民条例；现代仪式或表演
	主体真实		居民的沟通与交流；居民的自豪感；村落休闲或娱乐的氛围

而有关营销领域真实性量表尤其品牌真实性量表的研究相对较少，且多以探索性质性研究为主，缺乏实证数据的检验。营销领域，Beverland 等（2008）基于个体（the self）、事物（the thing）及其他人（others）三者间的关系，将 Trappist 和 Abbey 啤酒的真实性划分为纯真实、近似真实和道德真实三个方面。Gilmore 和 Pine（2007）通过研究不同类型的经济物品，将真实性归纳为自然、原创、独特、参照和影响五类真实。而国内学者邓永成（2010）从消费者感知角度出发，通过对"小肥羊"的实证研究，探索了真实性的感知测度，将"小肥羊"的真实性划分为原产地资源、文化氛围环境、产品的纯正、传统的工艺、独特的配方五个维度。徐伟和王新新（2013）利用扎根理论将老字号真实性归纳为客观、建构和自我真实三个维度，但其维度的质性探讨缺乏实证数据的支撑，限制了其研究结论的普及和应用性。

而品牌真实性的测量则成为最近两三年国外真实性研究的热点，学者们多通过开发新量表和整合已有量表研究品牌真实性的构成维度及其测量问题。但正如本书在第二章品牌真实性的综述中所述，学者对品牌真实性的测量涉及品牌的各个接触点，研究背景和目的的差异使得学者关于品牌真实性的测量仅限于真实性的某些方面，而且文化的差异使得国外已有品牌真实性量表无法准确体现我国老字号的真实性特征。因此，本书在国内外真实性尤其品牌真实性文献的基础上，在中国文化情境下拟开发老字号真实性量表，以使量表更具针对性。

第二节　老字号真实性的项目收集与问卷编制

因国内外有关真实性的实证研究较少，本书无法从已有成果中直接获得量表支撑，故本书拟通过访谈和问卷收集真实性数据资料。所采用问卷是自行编制的老字号品牌真实性调查问卷。在问卷的编制中，首先在访谈资料和文献资料的基础上搜集问卷原始资料，其次通过归纳整理原始资料编制初始问卷，最后在预测试的基础上对原始问卷进行修正和处理，形成正式问卷。

一、项目提炼及初始问卷编制

(一) 选择访谈对象

访谈采用目的性抽样的方法在北京、上海、合肥三座老字号较多的城市进行[①]。访谈对象需要对老字号有一定的认知和理解，因此，本书选择的是有过老字号购买或消费经历且年龄在18岁以上被访者。遵循理论饱和的原则（Gubrium，2001），研究最终选取32位受访对象（被访者统计信息见表4.2）。在正式访谈前，本书对访谈如何提问进行了专门的小组讨论，并对4位被访者做了预访谈，直至项目组认可预访谈过程的科学性和规范性后进行正式访谈阶段。

表4.2 　　　　　　　　　　被访者统计信息（N=32）

	分类	人数	比率（%）
类别	酒类	18	56.25
	医药	6	18.75
	饮食及其他	8	25.00
性别	男	19	59.38
	女	13	40.62
年龄	53岁及其以上	6	18.75
	35~52岁	14	43.75
	18~32岁	12	37.50
受教育程度	高中及其以下	5	15.63
	大中专及本科	15	46.87
	研究生	12	37.50

---

① 在商务部先后认定的"中华老字号"名录中，上海共有180家，北京117家，安徽18家。

（二）确定访谈结构

正式访谈采取半结构化访谈形式，即选择部分老字号消费者作为被访者，根据本书事先拟定的提纲请他们回忆并叙述购买或消费老字号的一些经历。虽采取半结构化形式，但访谈紧紧围绕研究的几个核心问题，如"你认为该老字号还和以前一样吗，为什么""它的真实体现在哪些方面"等。之所以采取半结构化的访谈形式，是因为老字号真实性的认知部分源于消费者的内隐心理，被试无法明确和区分老字号的真实性，只能通过半结构化的访谈通过语言和行为挖掘被试的真实性感知。

（三）选择测试品牌

为确保受访者对测试老字号品牌的了解，本书选择了46家上市老字号品牌作为测试品牌集，其中包含酒类17个品牌，医药类17个，餐饮及其他类12个（见表4.3）。以有偿方式街头随机邀请81位受访者在以上三类品牌中分别选出他们最熟悉的3个品牌，以此形成包含9个品牌的最熟悉品牌集。综合所有被访者的提及次数，酒类中五粮液（提及次数78）、茅台（提及次数76）、泸州老窖（提及次数75），医药类中云南白药（提及次数74）、王老吉（提及次数74）、同仁堂（提及次数70），饮食及其他类中全聚德（提及次数68）、光明（提及次数67）、老凤祥（提及次数66）的提及率最高，因此形成老字号品牌访谈集。

表4.3　　　　　　　　　　　　　上市公司老字号汇总

类别	老字号（上市公司：证券代码）
医药类 （17）	乐仁堂、隆顺榕（中新药业：600329）；同仁堂牌（同仁堂：600085）；马应龙（马应龙：600993）；片仔癀（片仔癀：600436）；世一堂（哈药股份：600664）；王老吉、潘高寿（广州药业：600332）；震元堂（浙江震元：000705）；太安堂（太安堂：002433）；云南白药（云南白药：000538）；桐君阁（桐君阁：000591）；九芝堂（九芝堂：000989）；雷允上（开开实业：600272）；蔡同德（新世界：600628）；叶开泰（武汉健民：600976）；佛慈（佛慈制药：002644）

类别	老字号（上市公司：证券代码）
酒类 （17）	五粮液（五粮液：000858）；泸州老窖（泸州老窖：000568）；沱牌（沱牌舍得：600702）；张裕（张裕A：000869）；牛栏山（顺鑫农业：000860）；茅台（贵州茅台：600519）；沈永和（古越龙山：600059）；老白干酒（老白干酒：600559）；杏花村（山西汾酒：600809）；通化（通葡股份：600365）；洋河、双沟（洋河股份：002304）；枝江（维维股份：600300）；金枫（金枫酒业：600616）；黄山头（凯乐科技：600260）；颍州（金种子酒：600199）
饮食及其他 （12）	全聚德（全聚德：002186）；西安饭庄（西安饮食：000721）；恒顺（恒顺醋业：600305）；漂亮妈妈（百联股份：600631）；老凤祥（老凤祥：900905）；劝业场（津劝业：600821）；东安（王府井：600859）；西单商场（首商股份：600723）；南翔、童涵春堂（豫园商城：600655）；美加净（上海家化：600315）；光明（光明乳业：600597）

资料来源：作者整理。

（四）初步编制问卷

对于搜集到的文本资料，由3位课题组研究人员独立进行编码后再进行讨论，共产生41项老字号真实性初始项目（见表4.4）。经过6位相关专业专家和学者的比较和分析，归纳和处理语意不清或相近的项目，最终形成28个真实性项目，以此编制初始问卷。问卷编制时，尽可能使用简洁易懂的语言和文字，并由3位研究人员进行讨论和修正，形成25项问句。问卷采用Likert7分制，即完全赞同为7分，完全不赞同为1分。为区分不同类别老字号真实性的差异和验证量表的稳健性，本书共设计酒类、医药类、饮食及其他类3套问卷，被访者在填写问卷时根据其熟悉程度选择相应的被试品牌。

表4.4   **老字号真实性初始项目**

项目	原料正宗；品牌来源地；与历史人物、事件联系；传统工艺制造；身着传统服饰制作或经营；质量一如既往；展示；选料考究；历史悠久；服务具有地方特色；融入群体；关爱员工；获得认证；牌匾、商号不变；价格公道；济世养生；童叟无欺；关注公益；品牌（产品）设计有地方特色；淡化商业色彩；梦想；传奇；业内有影响力；风格；传承文化；期望；美感；得到他人认同；身体放松、积蓄能量；自我探索、自我实现；传承的工艺和制作技术；炫耀；投身文化保护；传播；传承工艺贮藏；实现企业价值；配方神秘；符合行业规范

二、预测试与初步测试

为评价问卷的测试内容、题项选择、问卷格式及其易懂性和准确性，本书首先选择 10 位被试对调查问卷做预测试（pretest）。邀请的 10 位被试分别包括 3 名品牌领域的国内学者，3 名消费者行为领域的国内学者、2 名社会学领域的国内学者和 2 名管理学领域的国内学者。10 位学者独立完成问卷并提出个人意见，针对他们指出的例如表达不清、意思含糊的题项以及相应的修改意见，本课题小组进一步核实编码资料进而对问卷进行了调整和修正。

随后，本书又进行了初步测试（pilot test）。研究选择了某省属财经院校下属的研究中心成员和某 211 财经院校营销专业博士生共 20 位师生填写了修改后的调查问卷，并鼓励他们指出问卷再设计、语言表述、逻辑等方面的问题并提出相应修改建议，以此再次调整和修正调查问卷。最终，25 个题项被保留下来，初步形成老字号真实性调研问卷（见附录一）。

第三节 数 据 分 析

一、探索性因子分析

两次测试都分别在上海、北京、西安和安徽部分城市进行。每次各发放问卷 300 份，其中第一次回收问卷 254 份，剔除未诚实作答或遗漏的问卷 23 份，得到 231 分有效问卷，问卷有效率为 77%，该部分数据将用于量表的探索性因子分析；第二次回收问卷 245 份，其中有效问卷 218 份，问卷有效率为 72.67%，此数据将对量表进行验证分析。测试的样本特征如表 4.5 所示。

表4.5 样本基本特征

		第一次测试		第二次测试	
		人数	比率（%）	人数	比率（%）
类别	酒类	88	38.1	82	37.61
	医药	68	29.4	70	32.11
	饮食及其他	75	32.5	66	30.28
性别	男	125	54.1	108	49.54
	女	106	45.9	110	50.46
年龄	29 岁及其以下	36	15.6	28	12.85
	30 ~ 44 岁	117	50.6	116	53.21
	45 ~ 59 岁	68	29.4	69	31.65
	60 岁及其以上	10	4.3	5	2.29
受教育程度	高中及其以下	91	39.39	83	38.07
	大中专及本科	106	45.89	113	51.84
	研究生	34	14.72	22	10.09

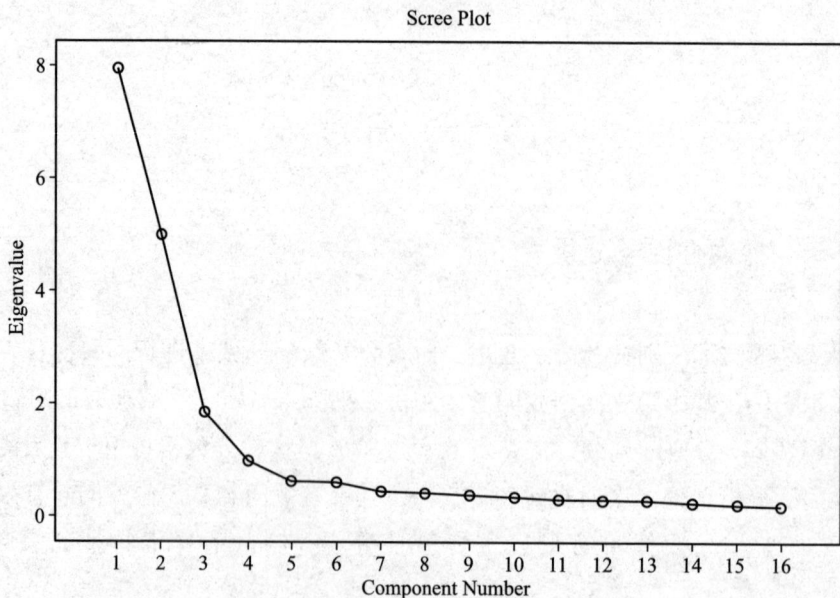

图 4.1 主成分方差最大正交旋转陡坡

本书采用 SPSS16.0 软件对第一次收集的样本数据进行探索性因子分析。样本的 KMO 值和 Bartlett 测试结果（KMO = 0.851，χ^2 = 2.867E3，df = 231，p = 0.000）表明，样本的原始数据适合做因子分析。本书采用主成分方差最大正交旋转法，按照特征值大于 1 的标准提取公因子。结果显示，"质量一如既往"、"关爱员工"等 10 个测量项的因子载荷系数小于 0.7，依据 Nunnally (1978) 因子载荷需大于 0.7 的标准，逐步剔除因子载荷值最小的测量项目，直至所有测量项目的因子载荷值均大于 0.7。因此，本书分别将"关爱员工""质量一如既往""地方特色""行业影响力""符合行业规范""价格公道""生理释放""群体认同""实现价值"9 个测量项目——剔除掉，量表项目最终被精简到 16 项。

然后，本书对精简后的 16 个项目的数据再次进行 KMO 值和 Bartlett 检验（KMO = 0.880，χ^2 = 2.622E3，df = 120，p = 0.000），结果表明该数据同样适合做因子分析。按照同样的方法进行探索性因子分析，取特征值大于 1 的因子，共析取出 3 个因子，陡坡图也表明，3 个公因子是最合适的（见图 4.1）。探索性因子分析显示，其各测量项因子载荷值均大于 0.7，它们的累计方差贡献率高达 71.490%，这表明该模型具有较好的解释信度。各因子的 Crobach's alpha 值都大于 0.8（Nunnally，1978），说明问卷具有较好的内部一致性，而且问卷的总体 Crobach's alpha 值为 0.875，表明问卷也具有较好的整体结构设计。具体结果如表 4.6 所示。

表 4.6　　　　　　　　　　　　　探索性因子分析结果

测量项目	因子载荷	公因子	因子命名	信度（α 系数）
X1 它原料正宗	0.807			
X2 它配方神秘	0.763	F1	客观真实	0.836
X3 它产地正宗	0.780			
X4 它商号/牌匾一直没有改变	0.802			
X5 它与某历史人物或事件相联系	0.806			
X6 它具有传统的制造工艺或技术	0.915			
X8 它看起来具有很悠久的历史	0.921			
X10 通过认证，它具有权威性	0.924	F2	建构真实	0.940
X13 它关注社会公益	0.818			
X15 它没有很强的商业色彩	0.765			

续表

测量项目	因子载荷	公因子	因子命名	信度（α 系数）
X18 使用后，它让我的心情感觉很轻松	0.860			
X19 使用后，它让我好像回到了从前	0.889			
X20 它能让我很容易融入某个群体	0.808	F3	存在真实	0.904
X21 它让我很有面子	0.801			
X23 它有助于传播传统文化	0.809			
X24 它有助于保护传统文化	0.740			

二、验证性因子分析

本书将样本 2 的数据用作验证性因子分析以验证老字号真实性量表的效度。利用 AMOS 对所保留的变量及其结构进行检验，模型的拟合指数如表所示，其中 6 个拟合指数都达到优度的标准①，表明验证性模型与数据的拟合度良好。表 4.7 为验证性因子分析结果，路径系数及其 P 值显示，各路径关系显著，这表明探索性因子分析得出的 3 个公因子与 16 个测量项目的关系是存在的且稳定的。因未出现测量项目的因子载荷值跨维度现象，因此本书只是进一步测试了单因子结构的模型拟合情况。结果显示（见表 4.8），其不但与数据的拟合度均劣于七因子模型，而且所有拟合指数均未达到标准值，因此研究认为三因子模型是最佳测量。

表 4.7　　　　　　　　　　　　　　验证性因子分析结果

测量项	公因子 1				公因子 2						公因子 3					
	X1	X2	X3	X4	X5	X6	X8	X10	X13	X15	X18	X19	X20	X21	X23	X24
因子载荷	0.743	0.683	0.766	0.815	0.779	0.935	0.919	0.898	0.823	0.774	0.853	0.909	0.811	0.702	0.692	0.710
P 值	***	***	***	***	***	***	***	***	***	***	***	***	***	***	***	***

---

① χ^2/DF 值应不大于 3（王重鸣，1991）；一般情况下若 CFI 和 GFI 的值都大于等于 0.9，模型的拟合优度就较好。但是，现实情况是同时达到这个标准较难，所以也有学者就认为，当 CFI 大于等于 0.9，GFI 大于等于 0.85 就可以了。

续表

	公因子1	公因子2	公因子3
信度	0.837	0.941	0.904
AVE	0.568	0.735	0.610
CR	0.840	0.943	0.903

表4.8   因子模型拟合优度统计量比较

	绝对拟合指数			相对拟合指数		简约拟合指数	
	卡方值 （自由度）	χ^2/df	RMSEA	NFI	CFI	IFI	PNFI
标准值		$\leqslant 3.00$	<0.08	>0.90	>0.90	>0.90	>0.50
七维度	298.680(104)	2.872	0.066	0.905	0.921	0.922	0.677
单维度	1289.000(104)	12.395	0.164	0.503	0.517	0.524	0.396

三、量表的信度检验

首先利用SPSS16.0对三因子模型进行信度[①]分析，老字号真实性量表中三个公因子的组合信度分别为0.837、0.941和0.904，整体的格伦巴赫系数达到0.876，因此它们均具有较强的统计显著性（Nunnally，1978），这表明该量表具有较好的内部一致性，从而老字号真实性量表的信度检验得以通过。

四、量表的效度检验

效度（validity）即有效性，它是指测量工具或手段能够准确测出所需测量事物的程度，也就是所测量到的结果反映所想要考察内容的程度。测量结果与要考察的内容越吻合，则效度越高；反之，则效度越低。一般而言，效度有内

---

① 信度是指检测结果的一致性、稳定性及可靠性，信度越高即表示该检测的结果越一致、稳定和可靠。

容效度和结构效度之分。

（一）内容效度

内容效度（content validity）指的是测验题目对有关内容或行为取样的适用性，从而确定测验是否是所欲测量的行为领域的代表性取样。本书通过对不同年龄阶段老字号消费者的深度访谈获取一手资料，利用扎根理论编制和设计问卷进而形成调研问卷。在问卷的设计中，本书邀请 3 位市场营销专业的研究人员对访谈资料独立编码，在 10 位管理学和经济学方向的研究学者和 20 位企业管理和市场营销专业的师生意见反馈的基础上反复调整和修订制定的，这在一定程度上确保了本项研究开发的老字号真实性量表具有较好的内容效度。

（二）结构效度

结构效度（construct validity）指一个测验实际测到所要测量的理论结构和特质的程度，它有收敛效度和区分效度之分。收敛效度（convergent validity）是指测量相同潜在特质的测量会落在同一个因素维度上，且测项间所测得的测量值之间具有高度的相关。按照 Foemell 等（1981）学者研究的标准，本量表（1）所有测量项目的标准化因子载荷均大于 0.5 且达到显著水平，（2）组合信度（CR）大于 0.7，（3）变异抽取量（AVE）超过 0.5① （见表 5.7），因此，本量表具有良好的收敛效度。

区别效度（differential validity）是指维度所代表的潜在变量与其他维度所代表的潜在变量之间低度相关或有显著的差异存在。本书通过比较真实性三维度各自的 AVE 的算术平方根是否大于它们与其他维度间的相关系数来判定量表的区分效度，如表 4.9 表明，本老字号真实性量表具备比较好的区分效度。

---

① 吴明隆在其《结构方程模型—AMOS 的操作与应用》一书中认为，平均方差抽取量 AVE = $\dfrac{\sum (\text{因素负荷量})^2}{\sum (\text{因素负荷量})^2 + \sum \text{测量误差变异量}}$，组合信度 CR = $\dfrac{(\sum \text{因素负荷量})^2}{(\sum \text{因素负荷量})^2 + \sum \text{测量误差变异量}}$

表 4.9　　　　　　　　　　　区分效度检验

	F1	F2	F3
F1	0.754		
F2	0.41	0.857	
F3	0.13	0.12	0.781

五、老字号产品类别差异性检验

考虑到老字号产品类别的差异可能会影响消费者对其真实性的评价，本书分别从酒类、医药类、饮食及其他三个老字号类别验证真实性量表，其结果如表 4.10 和表 4.11 所示。按照 Leader 和 Sethi（1991）的观点，本书中部分因子载荷大于 0.6 绝对是可以接受。三类验证性因子模型中，虽然绝对拟合指数中常态拟合指数 NFI 未达到 0.9，酒类、饮食及其他类的近似均方根残差 RM-SEA 也未达到理想标准值 0.8 的范围，但按照荣泰生（2009）RMSEA 通常小于 0.1 的观点，本书认为三种类别的模型都是可以接受的，即老字号真实性量表在产品类别上并无差异性。

表 4.10　　　　　　　　　不同类别的验证性因子分析结果

	测量项	公因子1				公因子2						公因子3					
		X1	X2	X3	X4	X5	X6	X8	X10	X13	X15	X18	X19	X20	X21	X23	X24
酒类	因子载荷	0.699	0.649	0.746	0.833	0.702	0.952	0.922	0.888	0.900	0.842	0.880	0.920	0.876	0.732	0.710	0.698
	P值	***	***	***	***	***	***	***	***	***	***	***	***	***	***	***	***
	信度	0.823				0.947						0.917					
医药类	因子载荷	0.762	0.698	0.776	0.809	0.824	0.924	0.920	0.904	0.781	0.728	0.826	0.904	0.761	0.678	0.681	0.720
	P值	***	***	***	***	***	***	***	***	***	***	***	***	***	***	***	***
	信度	0.843				0.937						0.893					

		公因子1				公因子2						公因子3					
	测量项	X1	X2	X3	X4	X5	X6	X8	X10	X13	X15	X18	X19	X20	X21	X23	X24
饮食及其他	因子载荷	0.743	0.683	0.766	0.815	0.779	0.935	0.919	0.898	0.823	0.774	0.853	0.909	0.811	0.702	0.692	0.710
	P值	***	***	***	***	***	***	***	***	***	***	***	***	***	***	***	***
	信度	0.855				0.903						0.843					

表4.11 　　　　　　　　　不同类别的因子模型拟合优度统计量

	绝对拟合指数			相对拟合指数		简约拟合指数	
	卡方值（自由度）	χ^2/df	RMSEA	NFI	CFI	IFI	PNFI
标准值		≤3	<0.08	>0.9	>0.9	>0.9	>0.5
酒类	217.56（104）	2.092	0.09	0.82	0.90	0.90	0.713
医药类	161.12（104）	1.549	0.06	0.84	0.94	0.94	0.728
饮食及其他	163.06（104）	1.568	0.09	0.75	0.90	0.90	0.645

第四节　结果讨论与维度命名

一、结果与讨论

针对样本1的探索性因子分析和样本2的验证性因子分析，本书得出以下研究结果：

1. 老字号真实性量表要素

老字号真实性量表共包含16项真实性要素，分别为"原料正宗""配方神秘""产地正宗""牌匾不变""时空关联""工艺传承""历史悠久""权威认证""关注公益""淡化商业""心理释放""怀旧""融入群体""炫耀展示""文化传播"和"文化保护"。其中,"历史悠久"要素(5.00)的真实性程度最高,"时空关联"(4.94)其次,而"心理释放"(3.36)要素的真实性程度最低。因此可以看出,如同中华老字号认定原则所述,中华老字号品牌需创立于1956年(含)以前,其悠久历史应是其立本之源,也是老字号与一般新兴品牌的差异所在。

2. 老字号真实性量表维度

经过探索性和验证性因子分析,老字号真实性量表16项真实性要素可以析取出3个维度。其中,维度一包括"原料正宗""配方神秘""产地正宗"和"牌匾不变"四个真实性要素,维度二包括"时空关联""工艺传承""历史悠久""权威认证""关注公益"和"淡化商业"六个真实性要素,而维度三含有"心理释放""怀旧""融入群体""炫耀展示""文化传播"和"文化保护"六个真实性要素。因此,老字号真实性量表由3个维度16个测量项目构建。

二、真实性维度命名

本书在第四章基于消费者的深度访谈,利用扎根理论界定了真实性的概念,即老字号的真实性是消费者对老字号或自我主体与老字号原物一致性的感知。但研究的背景和研究情景不同,真实性这个概念很多时候是靠直觉和专业背景来揣摩的。基于前期研究和相关真实性文献的回顾,本书对本章构建的真实性量表的维度进行命名。

(一)客观真实

维度一包含"原料正宗""配方神秘""产地正宗"和"牌匾不变"四个真实性要素,相比较于其他要素,这四个真实性要素在消费者心中自始至终相对较多地保持了原貌,是对原物真实性地呈现。"全聚德"的牌匾百年未变,"茅台"的酿酒秘方至今秘而不宣,福建安溪的墒情造就了正宗的"铁观音",等等,这些都是老字号原创性、独特性的体现,是老字号经营中的"后台",是不以经营者和消费者的主观意向为转移的。而客观主义真实性建立在客观主义哲学基础上,它强调客体与原物的完全对等,正如 Boostin(1964)所言,它追求的是客体的原真性。因此，在客观主义真实性文献和第四章研究的基础上，本书将维度一命名为客观真实。

（二）建构真实

建构主义真实性认为事物之所以表现为真实，并非它们生来就是真实性，它是人类在客体原物基础上根据信仰、观念、权威等的社会建构，而且这种真实随着社会的发展逐渐被认为是真正的真实（Cohen，1998）。维度二包含"时空关联""工艺传承""历史悠久""权威认证""关注公益"和"淡化商业"六个真实性要素。其中，老字号传承了传统的工艺和原初的文化，其经营理念和行为大多也体现了它们成立时的初衷，与之有关的人物、事件也有其原型，而且之所以在商业化市场中被认为是正宗也部分的归功于它们符合某些权威机构的认定标准，因此可以看出，这些真实都有其原型。但是老字号的这些真实性在传承中已融入了人类社会的意识和行为，如工艺已融入现代元素，经营理念也已与时俱进，权威认证本身更是人类社会意识的产物。因此，我们认为这些真实性要素是在原物基础上人类社会建构的产物，故将其命名为建构真实。

（三）自我真实

自我真实性以存在主义为哲学基础，他们认为当个体处于本真状态时，他会感觉比日常生活中的自我更真实，而这种真实并非由于客体是真实的，而是因为他能够摆脱社会的束缚（Wang，1999）。在体验经济环境中，消费者可能并不关心客体驱动的真实，而是要寻求他们自我的真实。Wang（1999）进一步将这种真实细分为内省和人际两种真实，其中内省真实集中于个体自我，人际真实关注自我的集体感知。基于对老字号的好奇、偏爱甚至崇拜，消费者不仅在购买和消费中唤起了怀旧情感，通过情感的释放实现了个体自我真实，而且在炫耀展示、文化的传播与保护中实现了社会和道德的自我。本书中维度三包含"心理释放""怀旧""融入群体""炫耀展示""文化传播"和"文化保护"六个真实性要素，老字号企业通过对这些要素的挖掘、设计和传播将有助于消费者内心更自由、更真实，此时老字号也就成为消费者自我真实实现的载体。因此，本项研究将维度三命名为自我真实。

总之，相比于 Napoli 等（2014）、Schallehn（2014）、Morhart 等（2015）、Coary（2013）、Bruhn 等（2012）等构建或整合的品牌真实性量表，本书基于中国老字号构建的真实性量表提出了自我价值的实现。本书将老字号真实性的测量细分为原真实、建构真实和自我真实三维度16个测项。其中，相比较于其他要素，原真实意指在消费者心中自始至终相对较多地保持了老字号的纯正，是对老字号原物真实地呈现。建构真实是消费者在老字号客体原物基础上的社会建构，例如，传承工艺、权威认证、关注公益和淡化商业等。而若当消费者在老字号的消费中感觉比日常生活的自我更真实，即唤醒或实现了怀旧、道德、社会或个体自我时，他们的自我真实随即产生，体现为心理释放、怀旧、融入群体、炫耀展示、文化传播和文化保护等。

三、量表构建的不足与展望

本章在文献回顾和前章老字号真实性内涵界定的基础上，通过探索性和验证性因子分析构建了老字号真实性量表，这拓展了真实性理论研究的范畴并丰富了真实性理论研究的内容，更为我国老字号品牌的长期管理提供了一个新的视角。然而，本量表的构建本身也存在一定的局限性，例如，①老字号真实性词汇的覆盖性是否能够穷尽，真实性词汇的全面与否多少会影响研究的结果。本书虽尽其所能挖掘出老字号的真实性词汇，但很多被访者并非完全理解真实的内涵，其回答结果可能会遗漏关键信息；而且预测时选取的9个老字号品牌虽是为了提高量表的信度，但是能否代表所有老字号品牌的真实性问题？这也将影响最终量表词汇的确定；②老字号对象选择的局限性。我国老字号数量众多，甚至于1129家中华老字号我们也无法一一的作为研究对象。本项研究通过预测试选取的9家上市公司老字号品牌虽为大部分被试所熟悉，但其优异的经营管理可能会影响消费者对问卷的全面判断和评价，最终影响量表的信度；③老字号类别的影响。老字号种类繁多，行业、产品差异很大，其真实性必定存在一定差异。本书虽从三种产品类别角度探索和验证老字号真实性量表，而且类别比较也验证了不同类别老字号的真实性量表并不存在显著差异，但该量表在不同类别的老字号中是否就有全面性和代表性？这需要未来的研究进一步探讨和丰富；④样本数量和质量问题。预测试和初步测试中经验和能力可能会影响真实性项目的提炼，而且样本的两次大规模测试有效问卷数量偏少，部分问卷的数据质量并非太理想，这些必定会影响量表的信度和效度问题。

第五章

老字号个性量表设计与开发

品牌个性量表的研究较为丰富，其中文化的差异影响品牌个性（Sung and Tinkham，2005），因此众多学者开始研究和比较东西方文化情境下的品牌个性及其差异。虽然黄胜兵、卢泰宏（2003）以及向忠宏（2010）等人研究了中国本土品牌的个性及其维度，但它们得出的品牌个性维度只是基于中国的语言，它们所选择的品牌无法体现中国的文化差异，他们开发的量表也就不能完全应用于老字号的个性研究。因此，本部分旨在文献和访谈的基础上构建老字号个性的量表。

第一节　品牌个性及其维度

品牌个性是指与品牌相关的一组人格化特征（Aaker，1997），它是产品及其品牌差异化（Aaker and Fournier，1995；Halliday，1996）的基础和品牌资产提升的重要手段（Keller，1993；Johnson et al.，2000；Phau and Lau，2000）。消费者视品牌如伙伴、朋友（Fournier，1998）和个人自我的延伸（Belk，1998），他们很自然地会赋予品牌以人格特质，例如，诚实、快乐、迷人或强壮（Plummer，1985），并会像选择朋友一样选择品牌（King，1970）。而且，这些与品牌相关的人格特质表现的相对持久和独特（Aaker，1997；Wee，2004），Aaker（1997）将它们定义为品牌个性。当消费者想表达、明确或提升他们自我情感时，他们则会钟爱于具有独特和吸引力个性的品牌（Escalas and Bettamn，2003）。

国内外目前有关品牌个性的研究主要集中在品牌个性维度及量表的开发上，这直接关系到如何将品牌个性理论应用于品牌管理的实践之中。在品牌个性采纳"维度"概念之前，品牌个性的测量一直处于比较无系统和混乱的状态。而科学分类的要旨就是要界定一个广泛的维度结构，在这一结构内，大量的具体事例将以一种简化的方式被理解（John，1990）。为此，以 Aaker（1997）为代表，国内外学者迄今已在品牌个性维度及量表的研究上取得了诸多成果，并在实践中得到广泛应用。

由于品牌个性研究起源于人格个性，目前品牌个性维度的主要理论来源是"大五"人格个性理论，由此引发了人格特质与品牌个性之间关系的大量研究（Shank and Langmeyer，1994；Fournier，1998；Phau and Lau，2001）。Aaker（1997）在"大五"模型（Goldberg，1990）的基础上，以特质论和词汇法作为方法论基础，开发了一个能够体现使用者个性的品牌维度量表。这个量表由纯真、刺激、能力、教养、粗犷五个维度、15 个层面共 42 个品牌人格特性组成，有效地区分了复杂的、可能重复的品牌个性特征。虽然众多学者对 Aaker（1997）品牌个性维度的效度提出质疑（Siguaw et al.，1999；Austin et al.，2003；Azoulay and Kapferer，2003），但它为后续研究提供了一个新的研究思路，其结论和方法得到广大学者的推崇。例如，Thomas 和 Sekar（2008）使用该量表衡量了 Colgate 的品牌个性并得出品牌个性的五个维度；Ekinci 和 Yuk-sel 等（2006）则用该量表提炼出包括真诚、刺激和快乐的旅游地三大个性。不过，品牌个性维度来源于"大五"人格个性理论，它只是人格特质描述的一种观点，由它延伸出来的品牌个性并非是完整的；大部分品牌个性量表只涵盖积极的维度，而没有考虑品牌个性的两面性。

不过，文化的差异影响品牌个性（Sung and Tinkham，2005），众多学者开始研究和比较东西方文化情境下的品牌个性及其差异。虽然黄胜兵、卢泰宏（2003）以及向忠宏（2010）等人研究了中国本土品牌的个性及其维度，但它们得出的品牌个性维度只是基于中国的语言，它们所选择的品牌无法体现中国的文化差异，他们开发的量表也就不能完全称为本土化的品牌个性量表。后续相关研究在 Aaker（1997）的基础上开始关注不同文化情境下品牌个性维度的差异性（Aaker et al.，2001；Supphellen and Gronhaug，2003；Murase and Bojanic，2004)。Aaker 等 (2001) 比较了部分东方文化和拉丁文化情境下三国品牌个性的差异。结果显示，真诚、刺激和教养是三国文化所共有，强壮是美国文化所特有，激情是西班牙文化所特有，而平和则是日本文化所特有。因此，他们提出了不同文化背景下的品牌个性维度具有差异性的论断，并由此拉开了品牌个性跨文化研究的热潮。Sung 和 Tinkham (2005) 通过对"麦当劳"等国际品牌的实证研究比较了美国和韩国消费者品牌维度的差异。结果显示，韩国品牌个性包含被动喜欢、支配地位、赶潮流、胜任、教养、传统、强壮、崇尚西方八个维度，其中被动喜欢和支配地位是韩国文化背景下的独特维度。Murase (2004) 研究了美、日文化背景下消费者对快餐品牌个性感知的差异，结果显示，麦当劳和肯德基在日本品牌个性表现的更积极，而温迪在美国的个性表现的则更积极。Smith、Brian 和 Hans (2006) 以澳大利亚组织品牌为对象的研究表明，相对于 Aaker (1997) 的维度论，澳大利亚文化背景下的品牌个性还包括"创新"这一独特维度。Bosnjak、Bochmann 和 Hufschmidt (2007) 研究德国文化背景下的品牌个性，它包括认真、情感、肤浅和动力四个维度，其中动力又细分为刺激和厌烦两个构面。值得一提的是，该研究引入了负面品牌个性。Thomas 和 Sekar (2008) 以高露洁为研究对象，在印度文化环境下对 Aaker (1997) 的品牌个性维度进行检验。研究表明，印度文化环境下 Aaker (1997) 品牌个性维度中的教养和强壮的信度很低，这进一步验证了不同文化情境下品牌个性维度的差异性。

由于我国特殊的文化背景和多元化的品牌环境，近年来国内学者也纷纷研究品牌个性维度的本土化。黄胜兵、卢泰宏 (2003) 开发了中国本土文化下品牌个性的维度及量表，并从中国传统文化角度阐释了中国品牌的"仁、智、勇、乐、雅"五大个性。其中"乐"具有中国特色，除了包含"刺激"的含义之外，还具有表达积极、自信、乐观、时尚的涵义。向忠宏 (2010) 利用品牌在互联网上的搜索提出了包含 5 个维度、18 个层面和 51 个品牌个性的中国本土品牌个性量表。该研究进一步指出，在中国酒文化背景下，五粮液的品牌个性为时尚，洋河大曲为传统，酒鬼酒为男性，古井贡为年轻。但是，老字号蕴含传统的中华文化，它有别于西方文化中的品牌以及一般意义下的中国本土品牌，老字号品牌个性及其维度的研究则势在必行。

而另一方面，老字号的传承是保持原有个性，创新是改变个性。问题是，我国老字号企业有意或无意的品牌活动是否会影响消费者对老字号品牌个性的感知？消费者对老字号品牌个性的感知是否影响他们的消费态度和行为？本书力图解决这一问题。

第二节　老字号个性的项目收集

本书首先通过归纳法生成老字号品牌个性词汇。归纳法是国内外学者研究品牌个性维度的重要方法（Aaker, 1997），它是以特质论和词汇法作为方法论基础。特质论假设必须同时用几种主要的特质来形容人的性格或个性，如说某人是安静、深思、谨慎、好动的，而并非演绎法所表述的这是内向的。词汇是一个国家或民族文化的集中体现，词汇法假设词汇可以作为品牌个性研究的重要媒介，因此，这也是学者品牌个性本土化研究的重要方法。

首先，品牌个性是有与品牌相关的一组人类特征（Aaker, 1997），品牌个性一定程度上就体现为品牌使用者的人格个性。而且，在跨文化背景下人格个性维度依然可用（Paunonen et al. , 1992）。因此，本书基于人格特质研究成果和中国文化背景下的人格特质，在 Goldberg（1990）"大五"人格特质模型的基础上，结合 Cattell（1946）、Norman（1967）以及王登峰、崔红（2004）中国人人格量表（QZPS）等研究，共提取 86 个不同的人格个性词汇。

其次，虽然人格个性与品牌个性概念相似（Epstein, 1977），而且以 Aaker（1997）的 DBP 为代表的现有品牌个性的量表大多来自人格个性量表的细化，但它们的形成机理不同，因此人格个性维度不能完全等同于品牌个性（Keller, 2003）。考虑品牌个性的本土化，研究提取 Aaker（1997）、Murat（2011）、Freling 等（2011）的品牌个性量表和黄胜兵、卢泰宏（2003）等中国品牌个性量表，结合性别、社会阶层、年龄等人文变量，共得到 144 个反映品牌个性的词汇。

最后，人类个性和品牌个性文献中有关个性的词汇毕竟仍为有限，而且老字号品牌的个性极具民族特性，因此为确保老字号个性的完整性和被消费者的认可度以提高量表的效度和适用性，研究通过被试自由联想提取老字号品牌个性词汇。首先，以有偿方式邀请20名MBA学员（70%男性，平均年龄36岁）参加此次实验。然后，向被试解释老字号以及品牌个性的含义和特征之后，请被试将自身了解或接触的老字号的品牌个性以文字词语的形式记录下来。试验共提取老字号品牌个性词汇195项。

研究邀请4名品牌和汉语言专业的学者对以上三种途径获取的425项词汇进行筛选。筛选过程剔除重复的词汇，剔除至少一名学者认为表述模糊或表述不当的词汇，最终共提炼与品牌个性相关的词汇217项。

第三节　老字号个性量表项目生成与问卷编制

一、老字号品牌个性量表项目的提取

本阶段从品牌个性词汇中初选老字号品牌个性。实验过程如下：有偿邀请30位MBA学员，请他们思考老字号品牌的整体特征，采取Likert七分值分别对217项品牌个性词汇、能够体现老字号品牌个性的程度进行打分。借鉴Thomson等（2005）的研究方法，研究提取平均值大于等于5且标准差小于2的词汇共27项，再由4名品牌和汉语言专业的学者进行筛选，剔除语义相同的词汇"传统"（与"正宗"同义）和"诚实"（与"诚信"同义），最终得到能够反映老字号品牌个性的词汇25项。

二、测试品牌的选择

为确保所测试品牌为被试者所知晓和认可，研究选择40家上市老字号品牌作为测试品牌集。按照其所属产品种类（酒类14家，医药15家，其他如饮食、百货等11家），研究将测试品牌集分为三类。研究有偿邀请76位大学生，请他们在四种产品种类的品牌中分别选出他们最熟悉的3个品牌，因此每个被试者共标出最熟悉的12个品牌。根据所有被试者对品牌的提及次数，酒类品牌中五粮液（五粮液酒）（68）、贵州茅台（茅台）（55）、古井贡酒（古井）

(10)、医药类品牌中同仁堂（同仁堂牌）（62）、云南白药（百宝丹）（60）、哈药股份（世一堂）（38）、百货类中王府井（王府井百货）（72）、西单商场（XDSC）（61）、老凤祥（老凤祥）（56），饮食及其他类品牌中光明乳业（光明）（69）、全聚德（全聚德）（67）、西安饮食（西安饭庄）（43）的提及率最高，因此将这些品牌形成最熟悉老字号品牌被试集。

三、问卷的筛选和形成

对提炼的 25 项词汇进行整理，编制密封式问卷（详细问卷参见附录 D 所示）。首先，问卷的语言尽量简洁易懂，并由 3 名相关专家针对表述不清楚的题项进行讨论和修正，最终形成 25 项问句。在测定消费者感知老字号品牌的个性维度时，先假设被试将该品牌想象成一个具有所列各项个性的人，然后用 Likert 7 七分值量表衡量该品牌具备此个性的程度。其次，为区分不同类别老字号品牌个性的差异以及提高量表的稳定性和适用性，本书以类别为基础共设计 4 套问卷（酒类、医药类、饮食及其他类），它们之间唯一的区别就是评价的品牌类别不同。

第四节 数 据 分 析

研究先后两次分别针对上海、北京和安徽部分高校的研究生随即发放问卷各 200 份，其中不同类别品牌的问卷各 50 份。第一次测试回收问卷 178 份，在剔除掉未诚实作答和漏填的问卷 23 份后，研究共得到 163 份有效问卷（其中男性 93 人，占 57.1%；女性 70 人，占 42.9%），该问卷的数据将用于老字号个性量表的探索性因子分析。同样，第二次测试回收问卷 164 份，有效问卷 141 份（男性 76 人，占 53.9%；女性 65 人，占 46.1%），该数据将对量表进行验证性因子分析，且两次有效样本量基本符合研究对数据量的要求（吴明隆，2000）。

一、探索性因子分析

采用SPSS16.0软件对第一次测试样本数据进行探索性因子分析。KMO值为0.801（大于0.7），Bartlett值为1088，说明原始数据适合做因子分析。研究利用主成分方差极大正交旋转，按照特征值大于1的标准提炼公因子。数据结果显示，经济、有恒、仁爱和值得信赖四个项目的因子载荷小于0.45，剔除后量表项目精炼到21项。然后按照特征值大于1的标准再进行探索性因子分析，从而析取出五个因子（见表5.1）。研究结果表明，这五个公因子的累积方差贡献率达到58.266%，表明该模型具有较好的解释信度。根据探索性因子分析的结果，各公因子的Crobach's alpha值都大于0.7，说明问卷的内部一致性信度是可以接受的。问卷的总体Crobach's alpha值为0.855，表明问卷的整体结构设计具有较高的可信度。

表5.1　　　　　　　　　　　正交旋转后的因子载荷矩阵

量表项目	公因子1	公因子2	公因子3	公因子4	公因子5
品位	0.784				
儒雅	0.738				
温馨	0.665				
沉稳		0.715			
务实		0.654			
权威		0.775			
勤劳		0.542			
专业		0.800			
诚信			0.506		
有责任心			0.699		
道德			0.644		
厚道			0.655		
健康				0.785	

续表

量表项目	公因子 1	公因子 2	公因子 3	公因子 4	公因子 5
自然				0.655	
安全				0.719	
纯正				0.770	
独特					0.676
古朴					0.737
正宗					0.665
悠久					0.583
低调					0.548
Crobach's alpha	0.712	0.800	0.750	0.771	0.712

二、验证性因子分析

利用第二次收集的样本数据进一步验证测量项目的效度。本书的量表项目参考了国内外有关人格特质、品牌个性的文献以及消费者的开放式作答，量表的项目经过了数据的筛选和多位专家的讨论和协商，因此可以认为本量表具有一定的内容效度。本书各测项的单一因子载荷均在 0.5 以上，不存在显著的跨因子分布，因此具有良好的收敛效度。而五类公因子维度内的项目相关系数都大于五个维度间的项目相关系数，说明该量表具有良好的区别有效性。因此，根据本问卷调查得到的数据是可信的，基于问卷进行的数据统计分析结果也是比较可靠的。

利用 Lisrel 8.7 中的稳健最大似然法对五维度模型进行验证性因子分析，模型的拟合指数如表 5.2 所示，其中 11 个拟合指数基本达到优度的标准[1]，表明验证性模型与数据的拟合度良好。另一方面，公因子 3 和公因子 5 之间的相关程度在各公因子之间最高，系数达到 0.610，说明它们可能是单因子的结构，由此可能形成四维度的个性量表。但通过模型拟合优度的比较，五维度量

---

[1] χ^2/DF 值小于等于 3（王重鸣，1991）；一般要求 CFI 和 GFI 都大于等于 0.9，即表示拟合优度较好，但同时达到这个要求较难，所以 Bentler（1999）认为，当 GFI ≥ 0.85，CFI ≥ 0.9 就可以了；RMSEA 越小越好。

表在拟合优度指标上均显著优于单维度和四维度量表。以此说明，老字号品牌个性可由五维度量表进行衡量。

表5.2 拟合优度统计量和比较

	绝对拟合指数						相对拟合指数		简约拟合指数	
	χ^2/df	GFI	AGFI	SRMR	RMSEA	NFI	CFI	IFI	PNFI	PGFI
标准值	<3	>0.900	>0.900	<0.080	<0.080	>0.900	>0.900	>0.900	>0.500	>0.500
五维度	1.560	0.870	0.830	0.071	0.057	0.870	0.950	0.950	0.740	0.670
四维度	1.932	0.830	0.786	0.092	0.073	0.701	0.824	0.829	0.611	0.658
单维度	3.140	0.716	0.653	0.114	0.111	0.498	0.584	0.592	0.448	0.586

第五节 老字号品牌个性维度及命名

通过探索性和验证性因子分析，本书开发出五维度老字号品牌个性量表。其中第一维度包含品位、儒雅、温馨，这些词一般都是用来形容老字号经营内涵及其风度的儒雅、和蔼可亲和温暖，这些与现代意义上的"雅"相联系；第二维度包含沉稳、务实、权威、勤劳和专业，它们基本反映了老字号品牌的能力和技术。因此，我们借鉴黄胜兵和卢泰宏本土品牌个性的研究，将第一维度命名为"雅"，第二维度命名为"智"。第三维度包括诚信、道德、厚道和有责任心，它们反映了老字号品牌发展中的伦理，即重视社会责任，能够积极采取对社会有益的行为。这些词基本是用来形容人的本性和品德，即好的内在的品格和价值观，都是属于儒家"德"的范畴。因此，研究将该维度命名为"德"。第四维度包括健康、自然、安全、纯正，它们基本描述了老字号品牌不受外界干扰、不加修饰的本色，因此可以用"淳"来形容这一维度。第五维度包括独特、古朴、正宗、悠久和低调，它们反映了老字号的历史和文化，传承了老字号的古老和朴素，因此，可以借鉴古汉语"古"来命名该维度。

研究发现，老字号个性可细分为"雅"、"智"、"德"、"淳"、"古"五个维度，与前期研究相比，本书的品牌个性维度体现了老字号的文化和特质。

"古"、"淳"、"德"不同于已有研究的维度，它们是老字号的内涵和传承的要素，可被视为"传承因子"。另外，"雅"和"智"与已有研究有较强的一致性即共性，黄胜兵和卢泰宏（2003）认为这是中国品牌不可避免受到西方文化影响的结果，因此，它们可以被视为老字号品牌个性的"创新因子"。研究还发现，老字号品牌个性相对简单。相比于前期研究，老字号的个人格特征显得老字号个性简单和单调。一方面，是老字号本土文化成长的结果，它们体现出中国文化背景下的人格特征，即个性更加鲜明。另一方面，也表明老字号可能有老化的问题，即老字号创新要素不足，消费者对老字号的关注开始减少。可见，传承和创新的矛盾已成为老字号关注的难点。

第六章

真实性影响的概念模型及假设

针对真实性研究的缺口，本章将在相关理论基础和文献回顾的基础上，尝试构建出能够反映老字号真实性影响机理的概念模型并提出相关理论假设。同时，考虑到消费者的性别、成长环境以及被试老字号品牌的特征差异，模型引入性别、代沟等调节变量。

第一节　老字号真实性影响的概念模型

老字号真实性是指消费者对老字号或自我主体与老字号原物一致性的感知，本书认为它有客观、建构和主体之分。以往的社会学研究表明，真实性诉求影响市场行为（徐伟，王新新，2012），消费者对老字号的消费不仅源于老字号自身的"老"即不变的要素，而且可能源于例如怀旧等心理激发的心理认同。消费者对老字号不变的客体及其主观建构的感知是否影响了他们对老字号的个性感知？这些"变"与"不变"的要素是否能得到消费者的认同，以致影响他们的行为意向？因此，本章将基于社会建构理论、品牌个性、品牌认同和品牌关系等理论，在前期文献回顾的基础上，结合研究对老字号消费的深度访谈，初步提出了老字号真实性影响消费者品牌态度和行为的初始概念模型（见图6.1），从而深入探讨真实性影响消费者态度和行为的作用机理。

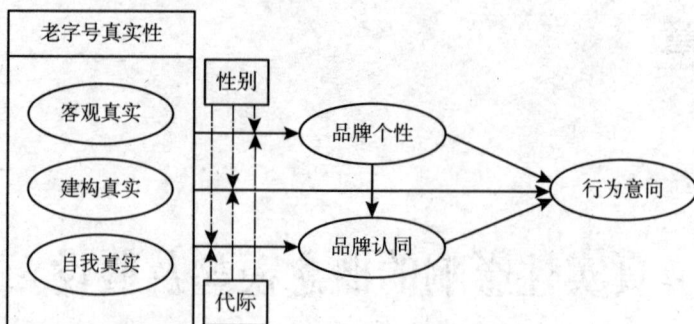

图 6.1　老字号真实性影响的初始概念模型

第二节　概念模型的理论依据和假设

一、客观真实影响消费者的品牌态度和行为

(一) 牌匾商号不变

老字号的品牌名称多体现出老字号最初求稳、求和、凝重而又求发的价值取向（孟昭泉，1998），历经半个世纪甚至说百年市场的磨砺，它的名称仍然映照出一种祥和、平安、持久、发财的心理状态。老字号的招牌即商号牌匾，它们多悬挂于门面之上、屋檐之下，如乾隆御笔亲书的"都一处"，严嵩书写的"六必居"，钱子龙提笔的"全聚德"，这些多为老字号独有。部分老字号的对联，如"同和居"取自《孟子》和《尚书》的"同味齐称甘旨，和羹善用盐梅"，它们沿袭和继承了传统文化，具有鲜明的地域文化和历史痕迹。朱丽叶（2008）将品牌名称、招牌、对联等视为老字号独特的品牌资产，认为它们是老字号特有的元素和文化传承的体现。消费者之所以视其为特有且对其产生认同，不仅在于它们能为其带来卓著的功能性价值，而且孕育和传递着丰富的情感性价值和象征性价值（张宁和李诚，2011）。因此，我们认为，不变的牌匾和商号不仅传递老字号一贯的信誉和承诺，更呈现出老字号的"古"，这正是老字号"老"的体现，也是获取消费者认同并激发起购买意愿的重要因素。

(二) 配方神秘、原料正宗

虽然部分老字号产品质量出现滑坡现象，但大部分老字号仍视质量为赢取市场优势的关键要素并将经营重点置之于此。消费者认可的产品质量依次包括可信性 (reliability)、耐用性 (durability)、易保存性 (easy maintenance)、易用性 (ease of use)、值得信赖的品牌名称和低价 (MaDaniel et al., 2011)。老字号的神秘配方和正宗原料，它传承至今，是老字号独特性的体现，它有助于维系稳定的产品质量和不变的市场可信度，它们是老字号质量的体现，因此，它的传承直接影响消费者对老字号"淳"的感知。产品质量具有提升市场份额的潜能，又能够降低生产/运作成本，提升生产效率并最终增加利润，因此，企业非常重视产品质量。企业的成功无须在质量的所有方面都有所作为，一个与众不同、其他企业尚未关注的质量维度就能给企业带来较好的绩效 (Focker et al., 1996)。而感知质量又不同于产品质量的概念，它基于主观评价和特定的情境，是消费者对产品整体性能或优越性的评价 (Zeithaml, 1988)。陶云彪在探讨老字号品牌资产的研究中认为，知觉质量是老字号品牌资产重要的维度之一。如北京"同仁堂"始终恪守的"炮制虽繁必不敢省人工，品味虽贵必不敢减物力"的古训造就了同仁堂极高的知觉质量，原料与配方使得消费者对同仁堂的药品产生极高的信任 (佐伊，2008)。可靠的质量减少了消费者购买的时间和心理成本，增强消费者的购买信心，降低其购买风险。近年来，国内外相关研究也验证了产品质量或感知质量对消费者态度和行为的影响 (见表6.1)。

表 6.1　　　　　产品质量/感知质量对消费者态度和行为影响

学者	产品对购买意向的影响
Monroe and Krishnan (1985)	感知质量影响消费者的购买意向，感知质量越高，其购买意向就越强
Tsiotsou (2006)	产品质量与购买意向存在相关性
Fandos and Flavian (2006)、Espejel et al. (2009)	在产品质量的内在属性与购买意向间存在相关性
Kwak and Kang (2009)	产品感知质量影响消费者的购买意向
Shaharudin et al. (2010)	产品质量的内在属性影响消费者的再购买意向

（三）产地正宗

漳州产的片仔癀，贵州茅台镇的茅台，北京牛栏山的二锅头，等等，消费者常常将老字号与一定的地区联系起来，即视其为产地正宗。老字号的产地正宗与原产地形象有着密切关系，它是消费者对老字号"生产制造地/发源地"的自古认知，是老字号产品本质和品牌形象的外在线索。当消费者缺乏对产品内在线索如质量、功能等的了解时，他们会寻求诸如原产地形象等外在线索的支撑。当消费者对某些地区的产品或品牌很熟悉时，他们就会从某一品牌或其产品的属性中抽象出与之相关的原产地形象（Han，1988），这种形象进而会影响消费者对该产品或品牌的态度。产地正宗源自消费者对老字号原产地的认知，天津的"狗不理"是正宗的，"茅台"产自贵州茅台镇，消费者已从该品牌知识的学习和自身消费经验的积累中形成对该品牌的信念，即这些地区的这些产品是最好的。这种信念一旦形成，它将影响消费者对产品的评价（Han and Terpstra，1988；王海忠和赵平，2004），也影响消费者的品牌知识（Keller，2003；Phau and Prendergast，2000）。首先，原产地形象地体现了老字号的正宗，标示了老字号的"淳"。其次，原产地形象能够传递详尽的产品或服务的生产信息，有助于降低消费者的购买风险，增强其消费信心。最后，原产地形象还能够给消费者带来超越产品功能之外的心理或社会价值，满足消费者心理上的需求。另外，有关原产地形象影响消费者的产品评价，从而影响其购买态度和行为的研究较为丰富（Bilkey and Nes，1982；Peterson and Jolibert，1995），例如，Han（1989）的晕轮（halo construct）和概括（summary construct）模型指出，原产地形象直接影响消费者对产品属性的信念，进而影响其对品牌的态度。在针对国内品牌原产地形象的研究中，王海忠和赵平（2004）的实证研究表明，国产品牌原产地形象更能得到国内消费者的认同，它与消费者对国产品牌的信念、态度正相关。

因此，基于上述文献回顾与评析，我们能够做出如下假设：

H1a：老字号客观真实直接正向影响消费者对老字号的个性感知；

H1b：老字号客观真实直接对消费者的品牌认同产生正向影响；

而另一方面，老字号老化现象十分严重，主要体现为老字号为消费者所忽视。究其原因，Lehu（2004）从产品或服务、消费者和品牌传播三个方面找到了品牌老化的根源。他认为，产品生产过程的一成不变，技术缺乏创新，生产方法达不到当前水平，样式、设计和颜色过时，包装老套以及品牌极少或不为年轻人所知晓等原因，造成消费者对老字号缺少购买的冲动和意向，即可能存在意识上认同但缺乏购买意向和行为。因此我们假定：

H1c：老字号客观真实直接对消费者的购买意向产生负向影响。

二、建构真实影响消费者的品牌态度和行为

（一）老字号"建构"与消费者品牌态度和行为

1. 历史悠久：长寿性

在商务部对中华老字号的界定中，历史悠久即长寿性是老字号的基本特征，正如王静一所言（2011），老字号的长寿性是老字号独特的、不可替代的品牌资产，是老字号"古"的体现。品牌的 SINCE 效应指出，品牌创立的时间传达出品牌的历史悠久，这会让消费者产生该生命力强、质量可靠、工艺传承久等积极的品牌联想（严莉和涂勇，2010）。而根据 Aaker（1991）和 Keller（1993）的品牌权益理论观点，积极的品牌联想有助于提升消费者的购买价值，因此品牌历史越悠久，消费者的购买意愿就会越高（王静一，2011）。

2. 服务特色：承诺提升质量

老字号的"老"不仅体现在产品的传承接代上，还体现在对消费者的服务承诺和保障上。在消费者心目中，具有悠久历史和传承工艺的老字号有能力可靠、准确地完成它向社会做出的承诺（例如，同仁堂自始履行着"济世养生，同修仁德"的承诺）（可靠性），又有渊博的知识和热诚的经营之道增加消费者对老字号的信任和信心（保证性），另外，转换经营理念下的部分老字号也开始积极主动地了解顾客需求，提供及时有效的服务（响应性），这有助于消费者形成对老字号经营内涵及其风度中和蔼可亲和温暖即"雅"的感知。而在理论研究上，PZB（Parasuraman，Zeithamal and Berry）（1988）开发出服务质量的五维量表（servqual），他们认为，感知的服务质量通过可靠性（reliability）、保证性（assurance）、响应性（responsiveness）、有形性（tangibles）和移惰性（empathy）五个维度来评价，而在 1996 年，他们又提出服务质量与行为意向关系模型，模型指出，服务质量直接影响着顾客的维系与流失，优质的服务能够提升顾客的满意度，带来积极的消费意向（Parasuraman et al.，1997）。Koter（1996）在其《营销管理》中将服务视为顾客让渡价值的关键要素。服务价值是伴随产品实体向顾客提供的各种服务产生的价值，提高顾客让渡价值的途径之一是提高顾客的总价值，因此按照 Kotler（1996）顾客让渡价值理论，服务是驱动顾客价值的关键因素。Cronin 等（2000）学者认为，服务质量是影响顾客行为意向的决定性因素之一，后续诸多学者为之提供大量实证依据。Cashyap（2000）的实证研究指出，顾客感知服务质量影响顾客感知价值，顾客感知价值影响顾客购买意愿（Kashyap，2000）。汪纯孝（2001）等的研究则表明，"顾客感觉中的服务质量对顾客的行为意向不仅有显著的间接影响，而且有显著的直接影响"。

3. 与历史人物、事件关联

老字号蕴涵了丰富的人文和历史，在其发展中涌现出诸多人物、事件以及轶闻、趣事等，这些线索丰富了老字号的文化，引发消费者美好的联想。Beverland 等（2008）利用线索理论研究葡萄酒的真实性问题，他们"将品牌同过去联系起来"这一印象的要素设计成符号性线索，以此传递产品的真实性。因此，Trappist 啤酒诉说寺庙酿酒的工艺，西双版纳勐海的"大益"展示其变迁的历史和各时期的人物。Beverland 等（20008）认为，此类线索增强了产品及其品牌的权威性，老字号与历史人物、事件关联的线索越多，其沉稳、务实和勤劳的特性沉淀得将越多，即越能提升消费者对其产品和品牌的"智"的形象。

另外，消费者在对老字号的质量、外观等了解的基础上，也会对其他不了解的要素进行联想从而形成情感和态度。悠久的历史、特色的服务以及与历史的关联等老字号的属性有助于消费者产生丰富的联想，例如，"道光廿五"令人联想到"160 年的窖藏让酒更醇"，"大白兔"让人联想起儿时的欢乐，御用良药"片仔癀"使人想到它明嘉靖年间的"悬壶济世"。Aaker（1991）将品牌联想定义为与品牌记忆相关系的所有事情，从联想的抽象性水平上，它有属性联想（与产品有关）、利益联想（功能联想、经验联想以及象征利益）和态度联想之分（Keller，1993）。品牌联想是品牌权益的重要维度之一（Aaker，

1991），这些联想往往能建构出一些意义，形成品牌形象，从而成为消费者购买的理由。值得重点指出的是，正如 Aaker（1991）所言，品牌权益是指与品牌相关的一系列资产或负债，它们可以增加或减少通过产品或服务给企业和/或顾客的价值。因此我们认为，建构真实影响消费者的感知价值和消费态度及行为。

（二）老字号"权威"与消费者态度和行为

Weber（马科斯·韦伯）被认为是最早对权威理论进行系统研究的学者，他认为，不同于权力，权威是指在一些群体中，命令能够被服从（韦伯，1997）。North（诺斯）则将权威视为一种影响力①。在消费者市场中，消费者推崇权威的心理，他们"崇拜强者"，认为权威的产品或其品牌是最好的。因此，若产品或品牌在市场或行业中有威信、地位高、受市场敬重，那么有关该产品或品牌的信息就易于引起市场的重视，并容易使市场相信这些信息是正确的，权威效应随之产生。权威效应之所以存在，主要源于消费者的"安全心理"和"赞许心理"。消费者通常视权威为正确的楷模，追寻或模仿权威能够降低消费的风险和不确定性，增强自身的安全感，而且消费者的消费行为若与权威产品或其品牌的规范相一致，则会得到社会的赞许或奖励，提升其心理和社会价值。

老字号历史悠久，它们拥有世代传承的产品、技艺或服务，是行业的瑰宝，尤其商务部认定的"中华老字号"更具权威。依照 Weber（1997）对权威的分类，研究认为老字号的权威体现在法理、传统和超凡魅力上。首先，中华老字号是商务部认定，市场和企业须遵从的非个人化的成为规范，获得"中华老字号"认证，法理上的权威效应通过认证随之产生。其次，老字号尤其中华老字号是在历史的沉浮中经历了曲折和磨砺，它是我国传统文化的积淀和瑰宝，是民族产品或其品牌的权威。再次，老字号拥有时代传承的工艺或服务，业内有一定的影响力，它自身超凡的产品及其品牌魅力已能赢得市场的青睐。Brown 等（2005）、Jonge 等（2007）学者的研究相继揭示，在推崇权威心理的作用下，消费者对权威消费产品或其品牌的消费态度和行为会发生变化。国内

---

① 转引自马春爱（2011）对诺斯权威观点的评论，他认为诺斯将权威视为一种影响力。

学者关于安全认证对消费者态度和行为的研究也较为丰富，如王志刚等（2006）指出，消费者的支付意愿不仅与产品特征因素有关，而且还受到HACCP认证的影响，Wang 等（2008）的研究也指出，消费者愿意对有 HAC-CP 认证的商品支付 5% 的溢价。因此我们认为，老字号的权威性能够提升消费者的对老字号的个性感知和消费认同感，进而影响消费者的购买意向。

（三）老字号"责任"与消费者态度和行为

早在 1953 年，Bowen（1953）就认为，"商人有义务按照社会的期望来制定决策或采取行动……而不是仅仅关注损益表。"社会期望企业包括其产品或品牌能提供经济、法律、伦理和慈善等责任（Carroll，1999），即在为企业股东创造利润，满足消费者需求的同时，应淡化商业色彩，其经营要符合法律要求，做有道德的事，并且能够提高社会福利，如善待员工（陈迅，韩亚琴，2005；金培，李刚，2006）、关注社会公益（Carrol，1999；陈迅，韩亚琴，2005；李海婴，2006；金立印，2006；肖捷，2012）和保护消费者权益（金立印，2006）等。越来越多的企业和消费者开始重视企业及其产品和品牌的社会责任，Boberts 等（1995）在美国的大样本调查就揭示，具有社会责任意识的消费者占到美国总人口的 32%。在现实的生活中，这些具有社会责任意识的消费者出于道德修养和自我约束，会倾向于购买具备社会责任的企业的产品，因此，Mohr 等（2001）提出社会责任消费者行为的概念。

社会责任影响消费者对产品的评价（Sankar and Bhattacharya，2001），当消费者了解企业的社会责任时，他们对其产品及其品牌的感知质量就越高。Brown 和 Dacin（1997）的研究发现，社会责任对消费者的产品评价是有影响的，即积极的社会责任会使消费者对产品做出有益评价，反之亦然。周延风等（2007）的研究就明确的指出，企业关注公益慈善、善待员工等行为就对消费者的感知质量有显著的正向影响。可见，拥有较好社会责任的企业一方面能够增加消费者的功能性和情感性价值，另一方面其较好的社会口碑能够降低消费者的购买风险和不确定性，减少其感知成本。老字号之所以赢得社会的广泛认同，原因之一在于其始终拥有关注社会责任的文化价值观，"济世养生，同修仁德"，诸此之类的价值观提升了老字号的形象价值，降低了产品失败等风险，这在一定程度上增强了消费者对老字号产品及其品牌"德"的感知和认同。

早期关于企业社会责任对消费者购买行为影响的早期研究认为，社会责任行为通过品牌形象、组织认同（Sankar and Bhattacharya，2001）等中间变量间接影响消费者的购买意向和行为。但 Sankar 和 Bhattacharya（2001）则模拟消费者购物情境，通过实验指出，虽受到部分条件的限制，社会责任也会对消费者的购买行为有直接的影响，消费者通常会愿意通过溢价的形式奖励那些社会责任较好的企业（Creyer and Ross，1997）。Lafferty 和 Goldsmith（1999）的实验研究也发现，社会责任对消费者的购买意向有显著的正向影响。国内学者马龙龙（2011）的研究显示，社会责任是影响消费者决策行为的外部因素，其发生作用的前提是：①触发了消费者的经济理性，即为消费者创造了价值或让消费者感觉到感知价值增大；②迎合了消费者的自我概念，即社会责任所传达的价值观与消费者的价值取向相符，因此他认为积极的社会责任会激发消费者的购买意愿。周延风等（2007）的研究也表明，社会责任对消费者的购买意向有正向影响。因此我们认为，企业的社会责任做得越好，其越容易赢得消费者的认同和提供消费者的购买意愿。

因此，基于上述文献回顾与评析，我们做出如下假设：

H2a：老字号建构真实直接正向影响消费者对老字号的个性感知；

H2b：老字号建构真实直接对消费者的品牌认同产生正向影响；

H2c：老字号建构真实直接对消费者的购买意向产生正向影响。

三、自我真实影响消费者态度和行为

消费者购买老字号时，其目的并非完全基于其产品或服务的功能上，还可能想通过老字号表达真实的自我，以此通过个人自我真实的实现激发积极的消费态度和行为。

（一）个人自我与消费者态度和行为

正如 Wallendorf 和 Arnould（1991）所言，商业化的市场抑制了人们的自我，也威胁个人和家庭的独特性，他们的生理和心理在每日的生活被牢牢束缚。但人是社会性、群体性的生物，消费者需要从生活的制约形式中摆脱出来（Murray and Ozanne，1991）。老字号因其悠久的历史和传承的文化，极易诱发消费者怀旧情感,激发消费者产生积极情感,这也是老字号赢得消费者认同的原因之一。自 Holbrook 和 Schindler(1989)提出消费者怀旧(Nostalgia)现象以来,相关研究十分活跃,它是当身心不适(包括沮丧、抑郁等状态时),通过对过去的渴望(Fred,1982)或对过去经历体验的期望(Baker and Kennedy,1994)而激发出的积极情感(Pascal et al.,2002)。通过消费老字号,消费者对它的历史、相关事件以及自身经历沉思引发怀旧情感,而众多学者的研究也表明,怀旧是影响消费者购买偏好的重要原因(Schindler and Holbrook,2003),它会产生购买该产品或品牌的心理冲动,进而激发品牌态度和购买意愿(Sierra and McQuitty,2007;Pascal et al.,2002)。徐伟和王新新(2010)在探讨真实性与消费者态度和行为意愿的实证研究中也指出,消费者的存在主义真实性感知直接影响其忠诚感,但研究却表明存在主义真实性感知负面影响消费者的满意感,这可能是由于过度的商业化造成的。在老品牌怀旧的研究方面,Brown 等(2003)指出消费者对老品牌的怀旧会引发消费者的购买行为,邓绪文(2013)认为老字号的怀旧与消费者的购买意愿呈正向相关关系,张艳(2012)则从人际、家庭和个人三个怀旧维度探讨了其对中华老字号品牌认识和情感偏好的影响。因此我们认为,内含怀旧情感要素的老字号能够提升消费者的情感价值,赢得消费者的认同并激发起购买意愿。

(二)社会交际与消费者态度和行为

随着需求的多样化和产品的日益丰富,消费者不仅要从产品或其品牌中获取功能价值,还注重产品及其品牌为其提供的心理价值(Elliott,1997),例如,角色定位、社会群体归属(Park et al.,1986)以及从众、声望(Leibenstein,1950)等。从企业角度来看,提供这些价值尤其是心理价值的产品及其品牌更能获得消费者的认同和更强的市场吸引力。

1. 炫耀展示

炫耀性消费(conspicuous consumption)是消费者为满足地位、声望、自尊、攀比甚至爱慕虚荣等而向特定的群体予以展示的行为(Sivanathan and Pettit,2010),即为了拓展自我,以及期望他人以自己期望的方式感知自己的消费行为。Marcoux 等(1997)就将社会地位展示视为炫耀性消费的形式之一。其中,面子在东方人的消费者行为中作用显著(Ho,1976),中国人更倾向于地位象征性的产品，尤其在公共场合更是如此（Wong and Ahuvia，1998）。"头顶马聚源，脚踩内联升，身穿瑞蚨祥，腰缠四大恒"，老字号曾经是身份和地位的象征。尤其中国的消费者受到传统文化尤其儒家文化的影响，其消费者体现出很强的等级性（Wong and Ahuvia，1998），他们尤其看重所消费产品或品牌的象征含义（Escalas and Bettman，2005）和同一群体中他人对自己行为的评价（Yang，1981），因此蕴含丰富象征意义的老字号更易于引起中国消费者的认同。有一定个性的老字号能够体现个人社会身份和地位，消费者通常会倾向于选择能够传递其身份地位的品牌，以获得他人或社会的认可，从而满足其心理尤其社会利益的诉求。另一方面，Rokeach（1973）认为价值观是行为最核心的驱动力，拥有炫耀性心理的消费者会看重产品的社会属性，依照"手段—目的"链理论，他们会增加其产品或其品牌的形象价值，并会影响其消费行为。Bao（2003）等学者的研究显示，中国文化背景下的消费者通过对产品或其品牌在炫耀性要素上的认知来影响其面子意识，从而影响其购买意向。因此，本书认为老字号中的炫耀展示要素有助于提升消费者的消费态度和行为。

2. 融入群体和群体展示

"物以类聚，人以群分"，消费者会选择与其个性相符的品牌，他们以该品牌为核心可能会形成顾客与顾客之间的关系群体（Muniz and O'Guinn，2001），即品牌社群（brand community）。老字号以其独特的个性让消费者感觉到这个品牌是与众不同的，消费者购买和自己可能拥有类似个性的品牌，这能增加消费者的情感需求，拉近消费者之间的距离，进而形成形式上的品牌社群。作为群体成员，消费者会相互交流、理解，与其他消费者分享社群意识（Gusfield，1978），并且会积极参与群体活动，并会产生强烈的群体归属和依赖感（Muniz and O'Guinn，2001），社群认同感油然而生。周志民（2005）指出，通过社群形式，消费者能够获得内在物质价值（或称服务价值，即非会员享受不到的信息和附加价值等）、外在物质价值（或者财物价值，即享受的折扣等）、内在精神价值（或称社交价值，即与其他会员沟通交往的愉悦等）和外在的精神价值（或称形象价值，即会员身份给消费者带来的地位和荣誉等），反之，这些价值也会成为消费者形成群体的动机。

大量的研究同时表明，群体内的成员也会表现出积极的消费者态度和行为。例如，Muniz 和 O'Guinn（2001）的研究发现，成员间的相互交流和理解对他们的品牌行为会产生积极的影响；Kates（2004）的研究揭示，群体中针对品牌的互动活动会增强成员对该品牌的归属感，进而强化其与社群间的关系；Schouten 等（2007）的研究也发现，通过社群体验，成员会产生强烈的社群认同感，进而提高对品牌的认同和忠诚；徐伟等（2010）指出，品牌社群通过认同感提升社群成员的忠诚感，其中成员的社群意识直接影响其忠诚感。因此我们认为，老字号融入群体和展示等互动要素有助于消费态度和行为的提升。

另外，Underwood 等（2001）也曾利用社会同一性理论中的自我定义概念来解释消费者产生品牌认同的动机，他认为自我定义是个体对自我的认知和看法，他会根据自我个性特征定义个体自我，根据自身所属群体的特征定义社会自我。于是，消费者会对那些能够传递自我形象和提升自我社会地位的品牌产生较高的认同。因此，老字号自我真实的要素有助于消费者个体和社会自我的形成，更容易得到消费者的认同。

因此，基于上述文献回顾与评析，我们做出如下假设：

H3a：老字号自我真实直接对消费者的品牌认同产生正向影响；

H3b：老字号自我真实直接对消费者的购买意向产生正向影响。

四、品牌个性影响品牌认同和购买意愿

品牌个性对消费者态度和行为作用机制的理论逻辑主要来自于自我概念一致性理论（Henru，1993）。自我概念是自己对自己的存在及其状态、特点等的观察和认识，是一种意识和心理过程（James，1950），它有理想自我、实际自我、社会自我、理想社会自我和期望自我之分（Firgy，1982）。相比于产品的功能性价值，消费者的消费行为更多地受到他所察觉到的产品象征价值的制约（Margan，1993）。商品的购买、展示和使用等行为向个体或他人传递了一种象征性意义，个体为了维护和强化其自我概念，必然要使消费者行为与自我概念相一致。而品牌个性与象征性消费密切相关，为了通过象征性消费达到展示自我或区分他人的目的，消费者通常会认同并购买与自我个性相一致的品牌。品牌个性与消费者个性越接近（或跟他们追求/崇尚的个性越接近），越

容易达到消费者的共鸣，促使消费者产生认同感（Schouten，1991）。Rio 等（2001）就将消费者对特定品牌个性与其自我个性相似程度的感知视为个体品牌认同感形成的来源。而当某一品牌想向社会或他人展示消费者特定群体成员身份，或凸显所属群体的特征时，消费者对该品牌的社会认同感就油然而生。

同时，具有独特个性的品牌能让消费者感觉到这个品牌是适合自己的，是"和自己相似的产品"（Keller，2003），这种独特的品牌个性能增加消费者的情感需求，拉近品牌与消费者之间的距离，进而增强消费者的购买欲望（Schouten，1991）。另外，获得消费者的认同，实现消费者与品牌之间的共鸣是构建和维系消费者与品牌间关系的关键（Keller，2003），Rio 等（2001）的研究也证明了消费者对品牌的认同感对其购买、推荐意向以及溢价支付意愿都有显著的正向影响。因此，正如众多学者研究表明，品牌个性直接或间接影响了消费者的态度和行为。例如，品牌个性影响消费者的品牌态度和认知联想（Freling and Forbes，2005），增进消费者的信任度（Fournier，1998），诱发消费者的情感（Biel，1992），影响消费者的偏好和使用（Sirgy，1982）等。

总之，当品牌个性形象或能丰富消费者自我个性形象，或与消费者个性形象一致，或能够保护甚至提升消费者个性形象时，消费者就会产生较高的品牌认同感，并期待与该品牌形成一种长期的关系（Graeff，1996），并影响其行为意向（Murat，2011）。基于此，我们假定：

H4a：消费者对老字号的个性感知直接正向影响其对老字号的品牌认同；

H4b：消费者对老字号的个性感知直接正向影响其对老字号的购买意向。

五、品牌认同影响消费者购买意向

社会认同理论认为，在不同的消费情境身份会暗示消费者特定的身份关联，激发消费者识别和认同其社会身份的类别；而当这种可及性能够实现时，消费者会识别所属群体和相关群体，当消费者对特定对象所代表的社会身份的识别能力越强时，其社会认同就越会影响他们的购买决策（Kallgren et al.，2000）。同时，在社会身份内化，即反复的社会确认和自我意识的内省中，消费者会不断地在与群体内外的社会化过程中，逐步积累一定的知识和经验，这些知识和经验在消费者头脑中以观念的形式形成相对稳定、持久的态度体系，因此在这种体系中，认同的影响将会进一步强化。

品牌认同是消费者对某一品牌在情感或心理上的眷恋程度，Cova（1997）将其视为是实现自我认同的一种方式。品牌认同有个体和社会认同之分，其中个体认同是消费者感知的品牌个性形象与自我个性的一致性程度，而社会认同是指品牌个性形象体现"社会地位、尊重和区分社会群体"的程度。Keller（1993）就将品牌认同视为品牌资产的最高层次，即消费者感觉到与品牌同步的程度。众多学者的研究表明，当品牌个性形象与消费者个性形象相一致，甚至能丰富和提升消费者个性时，其品牌认同感就会油然而生，并倾向于维系同该品牌间的长期关系（Graeff，1996），从而影响其行为意向（Murat，2011）。另外，Keller（2003）认为，消费者对品牌的认同是建立和保持他们与该品牌关系的关键，Rio等（2001）的研究也证明了消费者对品牌的认同感对其购买、推荐意向以及溢价支付意愿都有显著的正向影响。因此我们假定：

H5：消费者对老字号的品牌认同直接正向影响其对老字号的购买意向。

六、性别的调节作用

不同类型消费者对消费体验的感知及其阐释可能存在较大的差异，而性别则是解释这一差异的关键因素之一。现有大量研究已表明，消费态度和行为在性别上存在差异（Palul，1990；Wood，1998），因此性别在消费者行为研究中被普遍地用作调节变量。

本书中消费者对老字号真实性感知对其品牌态度和行为影响存在性别上的差异，主要考虑到两个方面的原因，即男女信息处理和目标优先等级设置上有差异。从信息处理的策略上来看，Broverman等（1968）从心理学角度分析了男、女性在评价过程中的差异，他们发现男性比女性更善于分析问题，而且逻辑性更强；相反，女性更倾向于靠主观直觉性来分析和判断问题。Meyers - Levy和Sternthal（1991）的选择模型显示，男性在分析和判断问题时通常不会像女性那样充分地考虑到所有可供选择的信息，即男性往往采取有选择性的、基于启发式的处理策略，而女性则更多地会联系诸多细节，努力了解所有可得的信息。

而从目标优先等级设置上来看，正如 Eagly 和 Johnson（1990）所言，性别差异男性是任务导向性的，他们聚焦于自我，非情感性特征较为明显；而女性则是社会导向性的，她们更多地寻求归属和自我，在象征性和人际导向性等方面要显著强于男性。例如，在消费者行为研究领域，Voss 和 Cova（2006）的研究就发现，性别在象征性和功能性属性中对满意的影响差异，例如相比于女性，男性会把功能性属性置于优先等级，反之女性则会把象征性属性置于优先等级。

象征性价值是他人导向的，关注社会与他人的利益，老字号的自我真实性要素和建构真实性中的部分要素更多地体现为消费者对老字号社会属性的表达，具有典型的情感性和人际导向性方面的特征，因此较多地体现为社会性的动机。而功能性价值是自我导向，具有任务、目标导向，老字号的客观真实要素和建构真实性中的部分要素更多地体现为产品的功能性价值。因此我们认为，由于男性和女性在对自我理解和自我建构上的差异，男性会更多地依靠对例如客观真实性要素的价值判断形成价值感知和消费态度及其行为，而女性则更多地会依靠对例如自我真实性要素的价值判断形成价值感知和消费态度及其行为，因此我们认为老字号真实性对消费者态度和行为的影响存在性别上的差异，即：

H6a：老字号客观真实性感知存在性别上的差异；

H6b：老字号建构真实性感知存在性别上的差异；

H6c：老字号自我真实性感知存在性别上的差异；

H6d：在老字号各类真实性对消费者品牌态度和行为的影响中存在性别上的差异。

七、代际的调节作用

1977 年 Inglehart 提出代际理论，他认为那些可以影响现有社会秩序和价值体系的重大事件会产生一组代际群体。在世代理论的观点中，生理上，年龄上的差异自然而然形成代际上的差异，而基于各代成长中的不同价值观念、思维方式乃至社会文化特质等，他们的情感体验和行为方式也会产生代际差异。而代际存在差异归根到底在于"代"的存在，而所谓的"代"是指具有共同出生年代和在关键成长阶段共同经历过某些重大人生事件的一组群体（Kup-perschmidt，2000）。国内的研究多采取三代人（武俊平，1998；郑也夫，2004）、四代人（张永杰，程远忠，1988）、五代人（廖小平，2007）的划分。基于老字号整体的发展环境，我们将所调研的老字号消费者划分为以下三代："文化大革命"前一代（生于1960年及其之前）、"文化大革命"一代（生于1961～1978年）和改革开放一代（生于1979年及其之后）。

新中国成立初期我国老字号企业的数量约在一万家，他们多采取传统工艺，强调老字号的正宗与纯正，而这一时期我国的物质产品相对匮乏，老字号通常成为该时期出生和成长的消费者的生活选择，他们这代人如今仍对老字号怀有相对较浓厚的怀旧情感甚至依恋。随之而来的20世纪50年代末60年代初的公私合营"合"掉了众多老字号，如今的他们很多对老字号印象模糊，很难产生浓厚的情感。改革开放后，很多老字号恢复了名称，但却面临着极大的时代挑战，因为这代人更注重自我个性，更容易接受甚至主导新生事物，"老"不再成为老字号吸引他们的唯一要素，他们开始关注老字号的"新"。因此我们能够假定，三个年代下的消费者对老字号的认识及其消费态度存在差异。

代际影响消费者态度和行为的研究较为丰富，大部分研究多从代际的年龄差异探讨代际对消费的影响。在消费者的消费信息的处理中，Yoon（1997）指出老年人更易于模块化思考，而年轻人相对注重信息处理的细节；Gurău Călin（2012）比较了"千禧一代"与"X一代"（20世纪70年代生的美国人）消费忠诚的差异；Justin（2013）对不同年龄群体对零售商自有品牌的风险感知的研究表明，26～45岁的消费群体感知的功能性风险和时间风险较高，而25～35岁的消费群体感知的社会风险较高；Kwon和Mijeong（2010）指出，年龄是抑制了消费者网购的购买意向；中年人的自我意识要高于老年人（许淑莲等，1997）。同时，学者将年龄作为调节变量的研究也较为丰富，如在个人价值观与个体态度（Sawyerr et al.，2005），广告对旅游意向（Hem et al.，2002），口碑与服务满意（Ranaweera and Menon，2008）。因此，虽无文献直接研究老字号态度和行为的代际差异，本书认为在老字号真实性影响消费者态度和行为意向的关系中存在着代际上的差异，即：

H7a：老字号客观真实性感知存在代际差异；

H7b：老字号建构真实性感知存在代际差异；

H7c：老字号自我真实性感知存在代际差异；

H7d：在老字号各类真实性对消费者品牌态度和行为的影响中存在代际差异。

第七章

问卷设计、数据采集与分析

本章将介绍本书的问卷设计、数据采集与分析方法。首先，在已有研究的基础上，本书根据研究中各概念的操作定义设计老字号真实性影响消费态度和购买意向的调查问卷。然后，介绍本项研究样本数据采集的方法并描述样本采集的数据特征。最后，将介绍本书分析数据的工具和方法。

第一节 问卷设计与测量

概念的界定是实证研究的关键，也是设计相关问项的基础。本书涉及的研究概念分别有品牌个性、品牌认同、行为意向以及客观真实性、建构真实性和主体真实三类老字号真实。真实性的三个概念之外的其他概念及其量表可借鉴前期相关研究，而老字号三类真实性概念及其量表是本书在真实性相关理论的基础上针对上市中华老字号进行探索性实证分析提炼出的。本书各概念的测量均采用 Likert 7 点式量表法。

一、概念界定与相关问项

（一）老字号客观真实

客观真实性（objective authenticity）以客观主义哲学为基础，它强调客体与其原物完全的对等性，即客体是完完全全的真，不能掺杂丝毫的假。它与传统文化、原先性、原创性、独特性等概念相联系（Sharpley，1994），能够依靠一套科学和客观的标准和鉴定程序判断其真实与否。本书将老字号的客观真实性界定为老字号自始至终未变化的要素。同时，本书将采用前期老字号真实性量表开发的成果，用四个问项来测定老字号客观真实的维度，具体如下：

（1）它原料正宗；

（2）它配方神秘；

（3）它产地正宗；

（4）它的商号/牌匾一直没有改变。

（二）老字号建构真实

建构主义真实性建立在 Heidegger（1960）的哲学思想上，他们认为是人创造和建构了社会，事与物之所以表现为真实，并非由于它生来就是真的，而是由于人们根据权威、信仰、观念等把它们建构为真的（王长征，2005），即更关注人在建构客体特征时所起的主观作用。而老字号建构真实性是消费者基于个人意志对老字号不变的期望或看法，即消费者关于老字号现客体与老字号原物一致性的社会建构。因此，本书将采用前期老字号真实性量表开发的成果，用六个问项来测定老字号建构真实的维度，具体如下：

（1）该品牌与某历史人物或事件相联系；

（2）它具有传统的制造工艺或技术；

（3）它看起来具有很悠久的历史；

（4）作为著名品牌，它名副其实；

（5）它关注社会公益；

（6）它的商业色彩不太浓厚。

（三）老字号自我真实

自我真实性（self authenticity）以存在主义为哲学基础，认为真实性与客体无关，而是一个消费者主体体验自我的问题。Wang（1999）将主体真实分为内省（intrapersonal）和人际（interpersonal）两类真实。内省（intrapersonal）真实集中于个人自身，包括生理（例如放松、重新振作）和心理（例如自我发现、自我实现）方面；人际真实体现为社会真实，它聚焦于自我的集体感知。因此，我们界定老字号主体真实为消费者个体在追寻老字号原物表达意义过程中的自我实现。同时，本书将采用前期老字号真实性量表开发的成果，用六个问项来测定老字号主体真实的维度，具体如下：

（1）该品牌的某些特征让我感觉良好；

（2）该品牌能引起我美好的回忆；

（3）该品牌能提升我的社交效果；

（4）该品牌让我感觉很有面子；

（5）该品牌有助于传播传统文化；

（6）该品牌有助于保护传统文化。

（四）品牌个性

老字号品牌个性可细分为"雅"、"智"、"德"、"淳"、"古"五个维度。与 Aaker（1997）品牌个性的纯真、刺激、能力、教养、粗犷维度，以及黄胜兵、卢泰宏本土品牌个性的"仁"、"智"、"勇"、"乐"、"雅"五维度相比，本书构建的个性维度传承了老字号的文化，体现了老字号的特征。因此，本书测量消费者对老字号个性感知的问项借用了前项研究开发的老字号个性量表的五个维度，具体如下：

（1）该品牌是有品位的；

（2）该品牌是有权威性的；

（3）该品牌是有社会责任的；

（4）该品牌是独特的；

（5）该品牌是纯正的。

（五）品牌认同

品牌认同（brand identification）是消费者对某一品牌在情感或心理上的眷恋程度，它有个体认同和社会认同之分。Rio 等（2001）认为，个体品牌认同是消费者感知的品牌个性形象与自我个性的一致性程度，而社会认同是指品牌个性形象体现"社会地位、尊重和区分社会群体"的程度。消费者对老字号的认同体现在个体和社会两个方面，即老字号的个性若与自我个性相一致，则消费者会产生个体认同；若老字号能体现消费者的社会地位、尊重和群体区分，则会产生社会认同价值。鉴于老字号的特征，我们认为消费者对老字号的品牌认同是其对老字号在情感或心理上个体或社会认同的程度。在 Rio 等（2001）、Dholakia 等（2004）和金立印（2006）等学者顾客品牌认同研究的基础上，本项研究测量消费者对老字号品牌认同的问项共三个，具体如下：

（1）该品牌的形象跟我有类似之处；

（2）消费该品牌能使我获得他人的认可；

（3）消费该品牌能帮助我与不同类的人区分开。

（六）行为意向

购买意向（purchase intention）在消费者行为研究领域被视为一个决策过程，是消费者根据自身经验和外部环境进行购买评估后决定是否购买。Ajzen（1991）将行为意向视为购买决策行为发生前的必经阶段，即购买决策是由购买行为意向驱动的。借鉴 Schiffman 和 Kanuk（2000）的定义，本书认为购买行为意向是消费者购买老字号的可能性。在其维度的测量上，本书借鉴 Tellis（1988）等和 Agrawal（2005）等学者的购买行为意向量表，设计出能够测量购买意向的四个问项，具体如下：

（1）我未来非常有可能购买该品牌；

（2）当我需要的时候，我将购买该品牌；

（3）我将肯定会尝试该品牌；

（4）我愿意购买该品牌。

二、问卷结构与计量尺度

根据研究目的和上述各变量的操作定义和测量问项，本书设计了"＿＿＿＿类老字号真实性、态度与行为意向调查表"。调查问卷包括调查对象基本信息、老字号真实性测量、老字号个性感知测量、品牌认同测量及其行为意向测量五个部分。

第一部分是对调查对象基本信息的测量。该部分共测量调查对象的四类信息，包括性别、年龄、受教育程度和常年生活的省市。这些问项的主要目的是统计和分析调查对象的人文特征，不同的这些人文特征下的消费者对老字号的态度和消费行为可能会存在显著差异，此部分将有助于对其的比较和分析。

第二部分是对老字号真实性的测量。依照本书前期研究，我们采用 3 个维度 16 个问项来测量老字号的真实性。其中，客观真实维度包含 4 个问项，建构真实维度包含 6 个问项，自我真实维度包含 6 个问项。该部分旨在测量消费者对老字号真实性要素的感知。

第三部分是测量消费者对老字号个性的感知。借鉴徐伟等（2013）有关老字号个性的量表，该部分采用 5 个问项，旨在测量消费者消费老字号后对其个性的感知。

第四部分是消费者对老字号品牌认同的测量。借鉴 Rio 等（2001）、Dholakia 等（2004）和金立印（2006）等学者有关品牌认同的问项，该部分采用 3 个问项，旨在测量消费者对老字号品牌的认同情况。

第五部分是消费者对老字号购买意向的测量。借鉴 Chen 和 Chang（2008）、Laufer 和 Jung（2010）等学者有关购买行为意向的问项，该部分采用 4 个问项，旨在测量消费者购买老字号的意向。

因调研品牌产品性质的差异，为区分不同类别老字号真实性及消费者反应的差异，本书共设计酒类、医药类、饮食及其他类三套问卷，被访者在填写问卷时根据其熟悉程度选择相应的被试品牌。除所选择老字号产品类别之外，三套问卷内容完全相同。

第二节　数据采集与样本特征

本书的核心内容是老字号真实性对消费者态度和行为的影响机理，因此调研对象应是对老字号有一定认识的消费者。由于这一调研对象的特殊性，这将对数据采集带来一定的难度。本节主要介绍调研数据采集的方式以及相关样本的主要特征。

一、数据采集

（一）预调研

本书首先对问卷进行了预调研（pilot test）。2013年9月1日至26日，研究通过网络问卷在上海财经大学博士研究生和安徽财经大学MBA学员中取得34份有效样本后，根据预调研的结果以及相关学者的建议，对问卷的结构和内容作出了部分调整和完善。

1. 调整调研品牌的筛选思路

为保证所调研品牌的知名度和便于后续数据的分类统计，原有问卷在前期量表开发过程中的预测基础上选择提及率最高的3个类别和9个具体上市公司老字号品牌。但这些具有较高品牌权益的上市老字号品牌可能会扭曲消费者真实的消费态度和行为，如更多地倾向于该类老字号品牌的象征性功能，其消费态度和行为也极可能出自于外界社会的压力。因此，问卷（以酒类品调研问卷为例）将筛选项"'贵州茅台'、'五粮液'、'泸州老窖'三家老字号中，您最为熟悉的品牌是_____。请在下列1~7个等级中用'√'标出您对该品牌的熟悉程度。"改成"在中国著名的酒类老字号品牌中，您最熟悉的品牌是_____"。

2. 修饰问项

为避免语意模糊，本研究根据预调研的反馈，相应地对部分问句的措辞进行修改，令问句更精简流畅，从而加强问卷的内容效度。经过反复修改，形成最终问卷定稿（见附录B所示），并开始进行正式调查。

（二）正式问卷调查

正式问卷调查于2013年10月1日至2014年3月15日在上海、北京、西安和安徽部分城市通过街头随机拦截和网络问卷有偿进行。首先向被调查者说明所调研品牌的三种类型的情况，请被调查者自由选择问卷类型。而为保证调研对象对某一老字号品牌有较深刻的认识以及能够依据以往经历做出真实选择，本书在数据整理时剔除了年龄在18周岁以下的样本数据。两种途径共发出问卷 600 份，回收问卷 507 份，回收率为 84.5%。剔除被试年龄在 18 岁以下的样本和回答遗漏或前后矛盾的样本，其中有效样本 401 份，有效问卷回收率为 66.83%。

二、样本特征描述

表 7.1 是对调研对象统计特征的概括描述，它反映了调研对象的性别差异、年龄层次、收入水平和受教育程度等情况。

其中，性别方面，男性调研对象共 219 人，占总样本的 54.61%；女性调研对象 182 人，占总样本的 45.39%。这部分数据有助于比较不同性别的老字号消费者的消费态度和行为。

年龄方面，34 岁及其以下的调研对象共 120 人，这部分调研对象出生于改革开放后，占总样本的 29.93%；35 岁至 52 岁的调研对象共 139 人，这部分调研对象出生于"文化大革命"时期，占总样本的 34.66%；53 岁及其以上的调研对象共 142 人，占总样本的 35.42%，

受教育程度方面，调研对象中高中极其以下学历者共 161 人，占总样本的 40.15%，而这部分被试者也多为 52 岁以上；拥有大中专及本科学历的共 152 人，占总样本的 37.91%；另外，拥有硕士或博士研究生学历的调研对象共 88 人，占总样本的 21.95%。

表 7.1 样本统计信息（N＝401）

	分类	人数	比率（%）
类别	酒类	161	40.15
	医药	123	30.67
	饮食及其他	117	29.18
性别	男（1）	219	54.61
	女（2）	182	45.39
年龄	53 岁及其以上（1）	142	35.42
	35~52 岁（2）	139	34.66
	34 岁及其以下（3）	120	29.93

续表

	分类	人数	比率（%）
	高中及其以下	161	40.15
受教育程度	大中专及本科	152	37.91
	研究生	88	21.95

第三节　分析工具与方法

旨在验证老字号真实性对消费者态度和行为的影响，因此本书采用结构方程模型建模的方法。当然，本节也会对数据分析的统计工具做简要介绍。

一、结构方程模型建模

结构方程模型（structural equation modeling，SEM）是社会学常用的多维、多路径统计分析方法，它通过检验模型中的潜变量、显变量以及误差变量等之间的相互关系，进而分析变量间的相互作用。SEM 实质上是一种验证性的方法，它首先强调理论的合理性，即模型的构建必须建立在相关理论基础上，以理论为支持提出和修正模型。在模型的评估上，SEM 较常采用极大似然估计值法（maximum likelihood），这也就要求利用 SEM 分析时样本数据要符合多变量正态分布（multivariate normality）假定，数据必须是正态分布数据，而且样本数据的样本数量不能太少。邱皓政（2005）将 SEM 的应用特征详细地归为：

（1）理论先验性。SEM 假设必须建立在一定的理论基础上，它实质上是一种检验理论模型适用性的统计技术。因此，模型的建立甚至修正都必须有适当的理论基础，它被视为理论验证性的统计分析方法。

（2）可同时处理测量和分析问题。SEM 不仅能够同时估计模型中的测量指标、潜变量及其测量误差，还能测量其信度和效度。另外，SEM 不仅能用作因子分析，而且能通过路径分析观测各潜变量之间的复杂关系。潜变量无法直接被测量，它们可以借助相应的观测变量或指标来测量，因此正如 Moustaki

等（2004）所言，这是一种具有连续量尺指标的潜变量模型。

（3）适用于大样本的统计分析。SEM 适用于大样本分析，即样本数量越多，各项指标的适用性就越好，统计分析的稳定性就越强，否则估计的结果就会缺乏稳定性。但到底样本数量多少为宜？众多学者做了大量相关研究，但一般而言，若要追求稳定的分析结果，样本数量最好在 200 份以上。

（4）重视多重测量指标的协调。个别指标参数是否显著并非 SEM 分析的重点，SEM 重点关注的是整个理论模型的拟合度问题。因而模型的评价应考虑多种指标，通过对多个指标的评价才能对模型的拟合度做一个较为完整的判定。

本书中老字号真实性的影响机理涉及的是多变量、多路径相互影响的过程，而影响机理模型的建立又是基于坚实的文献和理论基础。因此，本项研究利用结构方程模型法建构真实性的作用机理模型。

二、AMOS 分析工具

在结构方程模型的分析工具中，除了 Lisrel 和 EQS 外，SPSS 家族中的 AMOS 也是较为常用的分析软件。AMOS（Analysis of moment structures）是一种极易使用的可视化模块软件，研究人员在相关理论模型的基础上，只要使用软件提供的可视化图像按钮就可以方便地绘制出结构方程模型图像，对模型图像进行修正，评估模型的拟合和参考修正指标，并且输出最佳的模型图像以及模型估计的结果。其优势体现在：①与标准的多变量统计技术相比，AMOS 可以构建复杂的态度和行为模型，提供结构化的方程式建模，易于使用，而且可以方便地比较、区分和优化模型；②使用贝叶斯算法分析，能够改进模型参数的估计，帮助研究者依据理论优化模型的拟合优度；③提供各种数据归因的算法，能够依据研究者的需求提供不同的数据集。因此，本书采用了 AMOS17.0 作为建立模型、分析和验证模型的工具。

第八章

实证分析与结果

本部分研究使用 SPSS 和 AMOS 软件对研究模型及其变量进行探索性和验证性因子分析，以期揭示老字号真实性的作用机理。

第一节　数据质量分析

一、数据的信度检验

本书首先使用 SPSS16.0 对"老字号真实性影响消费者品牌态度和行为意向"理论模型中的客观真实、建构真实、自我真实、个性感知、品牌认同和行为意向六个维度的信度 Cronbach α 值及其各自测量项的因子载荷值进行测量。表 8.1 列出了各个维度与其测量项的内部一致性计算结果。

表 8.1　　　　　　　模型量表的信度、效度指标值

潜变量	测量项目	因子载荷	CR	Cronbach α	总体 Cronbach α
客观真实	OA1	0.646 ***	0.721	0.719	0.832
	OA2	0.587 ***			
	OA3	0.589 ***			
	OA4	0.681 ***			

续表

潜变量	测量项目	因子载荷	CR	Cronbach α	总体 Cronbach α
建构真实	CA1	0.587***	0.820	0.802	0.832
	CA2	0.761***			
	CA3	0.636***			
	CA4	0.596***			
	CA5	0.705***			
	CA6	0.647***			
自我真实	SA1	0.506***	0.74	0.741	
	SA2	0.603***			
	SA3	0.515***			
	SA4	0.621***			
	SA5	0.518***			
	SA6	0.647***			
品牌个性	BP1	0.720***	0.757	0.662	
	BP2	0.501***			
	BP3	0.587***			
	BP4	0.648***			
	BP5	0.633***			
品牌认同	CI1	0.718***	0.707	0.700	
	CI2	0.616***			
	CI3	0.668***			
行为意向	BI1	0.654***	0.742	0.741	
	BI2	0.591***			
	BI3	0.686***			
	BI4	0.656***			

注：*** 表示 0.001 水平上显著。

从表 8.1 可见，除了品牌个性（Cronbach α = 0.662）变量，其他变量维度的内部一致性系数 Cronbach α 值均大于 0.7，说明该量表的内部一致性信度基本是可以接受的；同时，量表的总体 Cronbach α 值为 0.832，表明该量表的整体结构设计具有较高的可信度（Nunnally，1978）。

二、数据的效度检验

效度（validity）有内容效度（content validity）和结构效度（construct validity）之分，它们是反映测量手段准确检验测试对象程度的指标，即测试工具检验测试对象的程度与要研究的对象越吻合，其效度就越高，反之越低。

（一）内容效度

内容效度是指测量项目对有关内容或行为范围取样的适当性，即量表的测量项是否能够代表所要测量的内容或主题。逻辑上，本研究调研问卷量表的编制是在相关文献理论的基础上反复锤炼，各变量的量表均来自已公开发表的研究成果，最终形成的问卷及其问句也是由数位统计学和营销学相关领域的专家反复讨论和修正的，因此，本研究量表应该具备较好的内容效度。

（二）结构效度

结构效度有收敛效度和区分效度之分，它是一个反映实际要测量的理论结构程度的指标。其中，收敛效度（convergent validity）是指测量相同潜在特质的测量会落在同一个因素维度上，且测项间所测得的测量值之间具有高度的相关。因为平均变异数抽取量 AVE 若要大于 0.5，需测量项目的标准化因子载荷大于 0.7，所以此限制条件较为严格，本研究只考虑了 Foemell 等（1981）学者研究的标准，即本模型量表：①所有测量项目的标准化因子载荷均大于 0.5 且达到显著水平；②组合信度（CR）大于 0.7（见表 8.1），因此本量表具有良好的收敛效度。

区别效度（Differential Validity）是指维度所代表的潜在变量与其他维度所代表的潜在变量之间低度相关或有显著的差异存在。可以根据比较潜变量本身的 AVE 的算术平方根是否大于该潜变量与其他潜变量间的相关系数来检验模型的区分效度。表 8.2 显示，各潜变量的算术平方根均显著大于其与其他潜变量的相关系数，表明本量表具有较好的区分效度。

表8.2   模型量表的区分效度检验

	客观真实	建构真实	自我真实	品牌个性	品牌认同	行为意向
客观真实	0.627 ***					
建构真实	0.244 ***	0.658 ***				
自我真实	0.307 ***	0.208 ***	0.571 ***			
品牌个性	0.554 ***	0.232 ***	0.216 ***	0.622 ***		
品牌认同	0.298 ***	0.185 ***	0.179 ***	0.292 ***	0.669 ***	
行为意向	0.201 ***	0.486 ***	0.373 ***	0.495 ***	0.457 ***	0.648 ***

注: *** 表示 0.001 水平上显著。

第二节　描述性统计分析

一、真实性程度

利用 SPSS16.0 软件, 通过 analyze→descriptive statistics→frequencies 命令, 输出各类真实性要素的平均水平, 如表8.3 所示。在各真实性要素的感知水平中, 怀旧 (4.38) 和文化保护 (4.37) 的平均值依次最高, 而牌匾不变 (3.73) 和原料正宗 (3.75) 的平均值依次最低, 这表明消费者对老字号的自我真实性中的"怀旧"和"文化保护"要素具有较高的感知, 而对"牌匾不变"和"原料正宗"等真实性要素的感知较低。在代际方面, 年龄在53 岁及其以上的消费者的客观真实性感知较高, 35~52 岁之间的消费者的客观真实性感知较低, 35 岁以下消费者的客观真实性感知最低。而35~52 岁之间的消费者的建构主义和存在主义真实性感知较高; 在性别方面, 女性消费者的各类消费者感知较高。

表8.3   各类真实性程度统计分析

		原料正宗	配方神秘	产地正宗	牌匾不变	客观真实
N	Valid	401	401	401	401	401
	Missing	0	0	0	0	0
Mean		3.81	3.8	3.75	3.73	3.77
Std. Deviation		0.798	0.789	0.725	0.838	0.581

续表

		时空关联	工艺传承	历史悠久	权威认证	关注公益	淡化商业	建构真实
N	Valid	401	401	401	401	401	401	401
	Missing	0	0	0	0	0	0	0
Mean		3.93	4.02	4.25	4.22	4.11	4.10	4.33
Std. Deviation		0.934	0.910	0.935	0.746	0.861	0.743	0.487

		心理释放	怀旧	融入群体	炫耀展示	文化传播	文化保护	自我真实
N	Valid	401	401	401	401	401	401	401
	Missing	0	0	0	0	0	0	0
Mean		4.33	4.38	4.31	4.32	4.29	4.37	4.33
Std. Deviation		0.709	0.729	0.692	0.744	0.739	0.808	0.487

			POA	PCA	PSA
年龄	53岁及其以上	Mean	3.864	4.355	4.355
		N	140	140	140
		Std. Deviation	0.557	0.473	0.473
	35~52岁	Mean	3.775	4.388	4.388
		N	140	140	140
		Std. Deviation	0.592	0.488	0.488
	34岁及其以下	Mean	3.653	4.247	4.247
		N	121	121	121
		Std. Deviation	0.579	0.494	0.494
性别	男	Mean	3.669	4.296	4.296
		N	219	219	219
		Std. Deviation	0.588	0.512	0.512
	女	Mean	3.890	4.380	4.380
		N	182	182	182
		Std. Deviation	0.551	0.453	0.453

二、真实性差异

利用 SPSS16.0 软件，通过 Analyze→Compare Means→Means 命令，分别输出基于类别、年龄和性别的三类真实性方差分析，如表 8.4 所示：

表 8.4 　　　　　　　　　　　对类别的方差分析

		Sum of Squares	df	Mean Square	F	Sig.
POA＊类别	Between Groups（Combined）	0.870	2	0.435	1.290	0.276
	Within Groups	134.168	398	0.337		
	Total	135.038	400			
PCA＊类别	Between Groups（Combined）	2.530	2	1.265	5.450	0.005
	Within Groups	92.386	398	0.232		
	Total	94.917	400			
PSA＊类别	Between Groups（Combined）	2.530	2	1.265	5.450	0.005
	Within Groups	92.386	398	0.232		
	Total	94.917	400			

从表 8.4 中可以看到，客观真实按类别分组计算的 F 值比较小（F = 1.290），不同类别引起的客观真实的组间差异小于由于随机误差引起的客观真实的组间差异，且显著性水平 Sig. 值为 0.276 > 0.05，说明客观真实在老字号的类别之间没有显著差异。

同样可以看出，建构真实/自我真实按类别分组计算的 F 值都比较大（F = 5.450/F = 5.450），不同类别引起的建构真实/自我真实的组间差异小于由于随机误差引起的建构真实/自我真实的组间差异，且显著性水平 Sig. 值为 0.005/0.005 < 0.05，说明建构真实/自我真实在老字号的类别之间存在显著差异。

表 8.5 　　　　　　　　　　　对年龄的方差分析

		Sum of Squares	df	Mean Square	F	Sig.
POA＊类别	Between Groups（Combined）	2.907	2	1.454	4.379	0.013
	Within Groups	132.130	398	0.332		.
	Total	135.038	400			

续表

		Sum of Squares	df	Mean Square	F	Sig.
PCA * 年龄	Between Groups（Combined）	1.395	2	0.698	2.969	0.053
	Within Groups	93.521	398	0.235		
	Total	94.917	400			
PSA * 年龄	Between Groups（Combined）	1.395	2	0.698	2.969	0.053
	Within Groups	93.521	398	0.235		
	Total	94.917	400			

表8.6　　　　　　　　　　　　对性别的方差分析

		Sum of Squares	df	Mean Square	F	Sig.
POA * 类别	Between Groups（Combined）	4.862	1	4.862	14.901	0.000
	Within Groups	130.176	399	0.326		
	Total	135.038	400			
PCA * 性别	Between Groups（Combined）	0.686	1	0.686	2.905	0.089
	Within Groups	94.231	399	0.236		
	Total	94.917	400			
PSA * 性别	Between Groups（Combined）	0.686	1	0.686	2.905	0.089
	Within Groups	94.231	399	0.236		
	Total	94.917	400			

　　同理，从表8.5可以看出，客观真实、建构真实和自我真实在年龄上有显著差异，故假设 H7a，H7b 和 H7c 均成立。图8.6显示，建构真实和自我真实分别在性别上没有显著差异，故假设 H6b 和 H6c 不成立；而客观真实按性别分组计算的 F 值比较大（F = 14.901），且显著性水平 Sig. 值为 0.000 < 0.05，说明客观真实在消费者的性别中存在显著差异，故假设 H6a 成立。

三、关联性测度

　　Eta 表明两变量之间的密切程度，其值越接近于1，说明两者之间的联系就越密切。从表8.7可以看出，各类真实性的 Eta Squared 的值都远远小于1，说明各类真实性与类别、年龄、性别等变量均没有密切的关联。

表8.7　　　　　　　　　　　关联性测度

	类别			年龄			性别	
	Eta	Eta Squared		Eta	Eta Squared		Eta	Eta Squared
POA * 类别	0.080	0.005	POA * 年龄	0.147	0.022	POA * 性别	0.190	0.036
PCA * 类别	0.163	0.027	PCA * 年龄	0.121	0.15	PCA * 性别	0.085	0.002
PSA * 类别	0.163	0.027	PSA * 年龄	0.121	0.015	PSA * 性别	0.085	0.007

第三节　假设及模型验证性分析

本书使用 AMOS17.0 进行模型参数的估计。将"老字号真实性影响消费者态度和行为"的理论模型输入 AMOS，采取最大似然估计（maximum likelihood）输出模型运算结果。

一、模型及假设检验

（一）路径系数验证分析

模型评价首先需要对结构模型的路径系数或测量模型的载荷系数进行统计显著性检验，以检测估计的参数是否具有统计意义。表8.8描述了初始模型路径系数的估计值。可见，模型中自我真实对个性感知、自我真实对品牌认同、建构真实对品牌认同以及路径的影响系数都是不显著的。

表8.8　　　　　　　　　　　初始模型路径系数估计

	未标准化路径系数估计	S. E.	C. R.	P	标准化路径系数估计
品牌个性←客观	0.528	0.087	6.086	***	0.519
品牌个性←建构	0.108	0.071	1.519	0.129	0.097

续表

	未标准化路径系数估计	S. E.	C. R.	P	标准化路径系数估计
品牌个性←自我	0.030	0.057	0.533	0.594	0.036
品牌认同←品牌个性	0.176	0.099	1.783	0.075	0.165
品牌认同←客观	0.175	0.104	1.674	0.094	0.161
品牌认同←建构	0.109	0.081	1.341	0.180	0.092
品牌认同←自我	0.066	0.065	1.023	0.306	0.075
购买意向←建构	0.346	0.070	4.945	***	0.350
购买意向←自我	0.179	0.050	3.588	***	0.240
购买意向←品牌认同	0.260	0.061	4.266	***	0.310
购买意向←品牌个性	0.386	0.081	4.779	***	0.432
购买意向←客观	-0.264	0.081	-3.238	0.001	-0.290

注：*** 表示 0.001 水平上显著。

研究采取逐步剔除 P 值最大法，从大到小逐步删去最不显著路径。最终研究删去路径系数不显著的"自我真实对品牌认同"、"建构真实对品牌认同"以及"自我真实对品牌个性"和"建构真实对品牌个性"四条关系路径。修改后的路径模型系数较为合理，但模型的部分拟合优度指数尚未达到最优标准。研究通过修正指数对模型进行修正。"工艺传承"和"关注公益"的 MI 值最大，表明如果增加他们之间的残差相关路径，模型的卡方值会减少。考虑到对应项目，老字号的"工艺传承"和"关注公益"品牌要素间也确实能够存在关联，老字号世代传承的工艺本来就是对消费者或社会的一种承诺。增加他们的关联路径后，重新估计模型，发现同一潜变量内"心理释放"和"炫耀展示"的 MI 值最大，表明若增加两者间残差相关路径，模型的卡方值会减少，而现实情况是老字号中"心理释放"要素与"炫耀展示"要素的确存在相关，炫耀展示应是心理释放的某种形式，如考虑增加他们的相关路径系数。考虑到问卷的信度较好，研究不考虑建构真实性和自我真实性可测指标的更改，而且问卷问项的设计也不允许。修正后重新估计的模型路径参数如表8.9

所示，同时输出模型的各项拟合优度指数（见表 8.10）。按照 Bagozzi 和 Yi（1988）的评价指标，模型的各拟合指数都达到优度的标准，表明模型的拟合度良好。结果表明，结构方程模型的各项指标均满足优度指标标准，修改后的结构方程模型及其各条路径是最优的。

表 8.9　　　　　　　　　　　最优模型路径系数估计

	未标准化路径系数估计	S. E.	C. R.	P	标准化路径系数估计
品牌个性←客观	0.560	0.087	6.470	***	0.527
品牌个性←建构	0.149	0.074	2.012	0.044	0.132
品牌认同←品牌个性	0.221	0.097	2.283	0.022	0.214
品牌认同←客观	0.213	0.103	2.069	0.039	0.194
购买意向←建构	0.380	0.073	5.230	***	0.390
购买意向←自我	0.180	0.049	3.663	***	0.241
购买意向←品牌认同	0.197	0.058	3.375	***	0.237
购买意向←品牌个性	0.391	0.080	4.869	***	0.453
购买意向←客观	-0.255	0.082	-3.106	0.002	-0.279

注：*** 表示 0.001 水平上显著。

表 8.10　　　　　　　　　　　模型拟合优度指数

	绝对拟合指数					相对拟合指数		简约拟合指数
	X^2(DF)	X^2/df	IFI	RMR	RMSEA	GFI	CFI	PNFI
标准值		≤3	>0.9	0.08	<0.08	>0.9	>0.9	>0.5
模型	603.646 (334)	1.807	0.903	0.031	0.045	0.903	0.901	0.712

（二）调节验证分析

考虑到结构方程模型中各变量间的多路径相关关系严格限定了研究的情

景，调节变量的调节效应随着潜变量的增加可能会减少，因此本书并未采用吴明隆（2010）结构方程多群组的分析方法验证调节效应，而是采取层级线性回归模型（hierarchical linear model，HLM）法。基于上节研究结果，本书只考虑性别（或年龄）在通过验证的 6 条真实性影响路径中的调节作用。以消费态度或意向为因变量，以某类真实性变量以及该变量与性别（或年龄）的交互项为自变量，并控制老字号类别、年龄（或性别）以及影响该因变量的其他真实性变量，研究通过判别性别（或年龄）与某类真实性变量交互项的系数显著性水平来检验性别（或年龄）在该影响路径中的调节效应。以年龄在客观真实性对品牌个性影响路径中的调节为例，研究控制了老字号类别、性别和建构真实性，以品牌个性为因变量，客观真实性及其与年龄的交互项为自变量，通过判断客观真实性与年龄乘积项变量的系数的显著性水平来验证年龄的调节作用。通过标准化数据后，研究利用 SPSS17.0 分别对通过验证的真实性影响路径进行层级线性回归，结果显示，除年龄在三类真实性感知与购买意向关系中的调节效应显著外（见表 8.11），其他路径的性别或年龄的调节作用均不显著。因此，假设 H7d 部分成立。

表 8.11 客观真实性影响购买意向的年龄调节

解释变量↓ 因变量→		购买意向			
		模型 1	模型 2	模型 3	模型 4
控制 变量	类别	0.288 ***	0.267 ***	0.238 ***	0.238 ***
	年龄	−0.01	−0.035	−0.033	−0.033
自变量	客观真实性		0.196 ***	0.282 ***	0.282 ***
调节 变量	年龄与客观真实性交互		−0.225 *		
	年龄与建构真实性交互			−0.214 ***	
	年龄与存在真实性交互				−0.214 ***
	调整 R^2	0.078	0.142	0.174	0.174
	F	17.974 ***	17.604 ***	22.079 ***	22.079 ***
	ΔR^2	0.083	0.068	0.1	0.1
	ΔF	17.974 ***	15.889 ***	24.097 ***	24.097 ***

二、模型结果分析

(一) 路径假设分析

1. 客观真实对品牌个性、品牌认同和行为意向的影响

如表 8.9 所示，客观真实对品牌个性在 P 值小于 0.0001 水平下呈显著相关关系，这表明老字号的客观真实影响消费者对老字号的品牌个性，其相关系数为 0.527。而客观真实对品牌认同和行为意向在 P 值小于 0.05 的水平下也呈显著的相关关系，即表明老字号真实性的客观真实显著影响消费者对老字号的认同及其购买意向，且其相关系数分别为 0.194 和 -0.279。因此，假设 H1a、H1b 和 H1c 皆成立。

2. 建构真实对品牌个性和行为意向的影响

如表 8.8 所示，建构真实对品牌认同影响路径的 P 值为 0.129，其显著性检验没有通过，故假设 H2b 不成立。建构真实对品牌个性的影响路径在 P 值小于 0.05 的水平下显著，而建构真实对行为意向的影响路径在 P 值小于 0.0001 的水平下也显著，表明老字号的建构真实显著影响消费者对老字号的个性感知和行为意向。因此，假设 H2a 和 H2c 均成立。

3. 自我真实对行为意向的影响

如表 8.8 所示，自我真实对品牌个性和品牌认同影响路径的 P 值均超过 0.05，其显著性检验均未通过，故假设 H3a 和 H3b 均不成立。自我真实对行为意向的影响路径在 P 值小于 0.001 的水平上显著，表明老字号自我真实显著影响消费者的行为意向。因此，假设 H3c 成立。

4. 品牌个性、品牌认同与行为意向的相关关系

如表 8.9 所示，品牌个性对品牌认同的影响路径在 P 值小于 0.05 的水平上显著，表明消费者对老字号的个性感知影响其对老字号的认同；品牌个性对行为意向的影响路径在 P 值小于 0.0001 的水平上显著，表明消费者对老字号的个性感知影响其对老字号的行为意向；同样，品牌认同对行为意向的影响路径在 P 值小于 0.0001 的水平下显著，表明消费者对老字号认同影响其对老字号的行为意向。所以，假设 H4a、H4b 和 H5 均成立。

老字号真实性影响消费者消费态度和行为意向理论假设检验结果如表
8.12所示：

表8.12　　　　　　　　　　理论假设模型检验结果

序号	假设	结果
H1a	老字号客观真实正向影响消费者对老字号的个性感知	支持
H1b	老字号客观真实正向影响消费者的品牌认同	支持
H1c	老字号客观真实反向影响消费者的购买意向	支持
H2a	老字号建构真实正向影响消费者对老字号的个性感知	支持
H2b	老字号建构真实正向影响消费者的品牌认同	不支持
H2c	老字号建构真实正向影响消费者的购买意向	支持
H3a	老字号自我真实正向影响消费者对老字号的个性感知	不支持
H3b	老字号自我真实正向影响消费者的品牌认同	不支持
H3c	老字号自我真实正向影响消费者的购买意向	支持
H4a	消费者对老字号的个性感知正向影响其对老字号的品牌认同	支持
H4b	消费者对老字号的个性感知正向影响其对老字号的购买意向	支持
H5	消费者对老字号的品牌认同正向影响其对老字号的购买意向	支持
H6a	老字号客观真实性感知存在性别上的差异	支持
H6b	老字号建构真实性感知存在性别上的差异	不支持
H6c	老字号自我真实性感知存在性别上的差异	不支持
H6d	在老字号各类真实性对消费者态度和行为的影响中存在性别上的差异	不支持
H7a	老字号客观真实性感知存在代际上的差异	支持
H7b	老字号建构真实性感知存在代际上的差异	支持
H7c	老字号自我真实性感知存在代际上的差异	支持
H7d	在老字号各类真实性对消费者态度和行为的影响中存在代际差异	部分支持

（二）路径影响分析

本书通过构建的结构方程模型来揭示老字号真实性、老字号个性、品牌认同和行为意向之间的结构关系，这些关系在模型中体现为各变量间的直接、间接以及总效应。

1. 直接效应（direct effect）

变量之间的直接效应是自变量到因变量的直接影响，用自变量到因变量的路径系数来衡量。模型各变量的直接效应如表 8.13 所示。例如，客观真实到品牌个性的标准化路径系数为 0.527，则客观真实到品牌个性的直接效应就是 0.527，这表明在其他条件不变的情况下，老字号的客观真实每提升一个单位，消费者对老字号的个性感知将直接提升 0.527 个单位。

表 8.13   **模型变量间直接效应、间接效应和总效应**

	客观真实	建构真实	自我真实	品牌个性	品牌认同
品牌个性 （直接效应） （间接效应） （总效应）	0.527 *** 0.527	0.132 * 0.132			
品牌认同 （直接效应） （间接效应） （总效应）	0.194 * 0.113 0.307	 0.028 0.028		0.214 * 0.214	
行为意向 （直接效应） （间接效应） （总效应）	-0.279 ** 0.312 0.033	0.390 *** 0.066 0.456	0.241 *** 0.241	0.453 *** 0.051 0.504	0.237 *** 0.237

注：*** 表示 0.001 水平上显著，** 表示 0.01 水平上显著，* 表示 0.05 水平上显著。表中给出的参数均为标准化后的路径系数。

同时结果显示，在老字号三类真实性因素中：①客观真实对品牌个性的直接影响效应大于建构真实对其的直接影响效应；②只有客观真实对老字号的品牌认同产生直接的影响效应；③在对行为意向产生直接影响效应的真实性要素中，建构真实和自我真实的直接效应为正，客观真实对行为意向的直接效应为负。

2. 间接效应（indirect effect）

变量间的间接效应是指自变量通过一个或者多个中间变量对因变量产生的间接影响，其大小是以中间变量为基础的路径乘积。如表 8.13 所示，客观真实通过品牌个性间接影响品牌认同，客观真实到品牌个性的标准化路径系数为 0.527，品牌个性到品牌认同的标准系数为 0.194，则客观真实到品牌认同的间接效应就是 0.527×0.194＝0.113，这说明当其他条件不变的情况下，客观真实每提升一个单位，品牌认同将间接提升 0.113 个单位。研究同时发现，虽建构真实性不直接影响品牌认同，但通过品牌个性间接影响品牌认同。

3. 总效应（total effect）

总效应是自变量对因变量总的影响，等于直接效应和间接效应之和。如表 8.13 所示，客观真实到行为意向的直接效应为－0.279，间接效应为 0.312，则客观真实到行为意向的总效应为 0.033，这说明当其他条件不变时，客观真实每提升一个单位，品牌认同将总共提升 0.033 个单位。

第九章

研究结论与建议

本章将对本书得出的主要结论逐一说明，以期能进一步明确老字号真实性的概念及其维度，并理清老字号真实性与消费者态度及其行为意向之间的关系，并为老字号企业的长期品牌管理提出相应的营销启示。最后，指出本书的局限性以及未来进一步研究的方向。

第一节　研　究　结　论

本书基于社会学、哲学和市场营销学等相关理论基础，界定了老字号真实性的概念，建立了老字号真实性量表，提出并验证了真实性与影响消费者态度及其行为意向的关系模型，具体概括为以下几点。

一、老字号真实性概念的界定

据研究目的所及，目前有关真实性的概念尚未统一，不同学者在不同的研究情境下其真实性研究的界定也就有所不同。况且老字号的真实性有别于经典品牌以及国外老品牌的真实性，其真实性的概念也就无法照搬照抄已有研究。针对这一研究缺口，本书在深度访谈的基础上，利用扎根理论方法界定了老字号真实性的概念，以期为后续老字号真实性的研究提供概念基础。

研究认为，老字号的真实性是指消费者对老字号现客体或自我主体展示老字号原物程度的感知，它有客观真实、建构真实和自我真实三种形式。首先，消费者将老字号自始至终未变化的要素视为客观真实的，它们的现状没有掺杂丝毫的人类社会意识和活动，此时的品牌现客体就是老字号的原物。其次，消费者理解的真实大多是基于个人意志对老字号不变的期望或看法，这些真实已融入了人类社会意识和行为，与原物相比它们的真实是社会建构的产物，即老字号建构真实是消费者关于老字号现客体与老字号原物一致性程度的感知。最后，消费者在与老字号的品牌互动中产生的个人自我、社会自我和道德自我的程度，即在追寻老字号原物表达意义过程中实现自我内心的真实。

通过对访谈数据的分析，研究发现原物主导、社会情境驱动和非商业性是老字号体现出的特征。首先，无论老字号真实性体现为何种类型，真实性感知的形成都是来源于老字号原物。例如，客观真实是与原物一致的，建构真实是基于原物的社会建构，而自我真实则来源于课题象征性或体验性的功能。其次，老字号的真实性是社会情境驱动的，消费者对老字号真实性的感知最终产生于社会的生产力水平和社会意识。最后，老字号的真实性淡化商业动机，它是"通过宣扬传承（包括生产方法、产品形式、公司价值和/或所在区域）、对工艺的热情，以及公开回避现代工业特征和商业动机等途径平衡工业化的（生产、分销和营销）和修辞化的属性从而生成出真挚的故事"（Beverland，2009）。

二、老字号真实性量表的构建

本书在文献回顾和前章老字号真实性内涵界定的基础上，通过探索性和验证性因子分析构建了老字号真实性量表，这拓展了真实性理论研究的范畴并丰富了真实性理论研究的内容，更为我国老字号品牌的长期管理提供了一条新的视角。

研究发现，老字号真实性量表共包含16项真实性要素，经过探索性和验证性因子分析可以析取归纳为3个维度，并在前期研究和相关文献的基础上将其分别命名为客观真实、建构真实和自我真实。其中客观真实包括"原料正宗"、"配方神秘"、"产地正宗"和"牌匾不变"四个真实性要素，它强调老字号与原物的完全对等，是老字号原创性与独特性的体现。建构真实包含"时空关联"、"工艺传承"、"历史悠久"、"权威认证"、"关注公益"和"淡化商业"六个真实性要素，这些真实性要素都是在原物基础上消费者社会建构的产物，即对它的认识融入了人类社会的意识和行为。自我真实包含"心理释放"、"怀旧"、"融入群体"、"炫耀展示"、"文化传播"和"文化保护"六个真实性要素，即通过情感的释放实现了真实的个体自我，通过炫耀展示和文化的传播与保护实现了真实的社会自我。

目前国内有关品牌真实性的研究刚刚起步，真实性的概念尤其量表的研究则是其研究的一个缺口。本项研究则针对此缺口开发了真实性量表，这无论是对真实性理论的研究，还是对真实性实证研究，都将具有重要的创新意义。

三、老字号个性量表的构建

本书基于老字号消费者的深度访谈和文献回顾构建了老字号个性量表，不仅丰富了品牌个性的跨文化研究，而且拓展了老字号真实性影响机理研究的深度。研究发现，老字号个性共包含"雅"、"智"、"德"、"淳"、"古"5个维度21个测量指标。其中，"雅"包含品位、儒雅、温馨，这是说明老字号经营内涵及其风度的儒雅、和蔼可亲和温暖；"智"包含沉稳、务实、权威、勤劳和专业，它们基本反映老字号品牌的能力和技术；"德"包括诚信、道德、厚道和有责任心，它们反映了老字号品牌发展中的伦理，即重视社会责任，能够积极采取对社会有益的行为；"淳"包括健康、自然、安全、纯正，它们基本描述了老字号品牌不受外界干扰、不加修饰的本色；而"古"则反映了老字号的历史和文化，包括独特、古朴、正宗、悠久和低调等测项。

四、老字号真实性影响消费者态度及其行为意向路径的提出

已有相关零星研究多基于社会学、心理学视角探讨真实性对消费者态度和行为的影响，但据笔者目力所及，尚未有研究能够完整和系统地探讨真实性的影响机理。本书在文献回顾和深度访谈的基础上，提出了老字号真实性影响消费者态度和行为意向的概念模型，并在实证数据的基础上验证了概念模型及相关假设。

消费者在老字号品牌的消费中，往往会关注其真实性的问题，而研究发

现，老字号的真实性要素又会影响消费者的消费态度和行为。

（1）假设 H1a 和 H1b 成立，老字号客观真实正向影响消费者对老字号的个性感知和品牌认同，这表明原真要素是老字号原真、传承的品牌形象，这些正是老字号"老"的体现，消费者之所以购买老字号正是基于对老字号这些原真要素的认同。但 H1c 的成立却表明，现有的老字号企业在品牌管理过程中困境重重，但这些原真要素的老化（真实性感知水平最低）直接降低了消费者的购买意向。虽然通过老字号个性和品牌认同的中介作用，客观真实对消费者购买意向影响的总效应为正，但其影响力度却微乎其微，这表明老字号原真的形象虽能得到消费者态度上的认同，但可能由于种种原因无法得到消费者行为上的认可，体现为老字号老化现象的出现。

另一方面，本书也揭示了老字号的老化。样本数据分析表明，年龄在 53 岁及其以上的消费者的客观真实性感知较高，35～52 岁之间的消费者的客观真实性感知较低，35 岁以下消费者的客观真实性感知最低，即消费者的逐步年轻化，他们对老字号客观真实的感知水平越来越低。北京市商务委进行的《老字号品牌影响力调查》表明，年轻人购买老字号的频率较低，30 岁以下消费者经常购买比例仅为 30%，偶尔购买一次的不到 50%，剩下的人很少去，老字号已经渐渐丧失了年轻人这个巨大的潜在消费群体。原因可能基于多方面：从老字号自身角度看，原有可能在于产品生产过程的一成不变，技术缺乏创新，生产方法达不到当前水平，样式、设计和颜色过时，包装老套以及品牌极少或不为年轻人所知晓等原因，造成消费者对老字号缺少购买的冲动和意向，即可能存在意识上认同但缺乏购买意向和行为。从消费者角度看，随着年龄的增长，消费者的思维越趋模块化，而年轻人则相对重视信息细节的处理。年龄大的消费者对老字号可能拥有固有印象，基于怀旧会整体性思考老字号的客观真实性要素。而年轻人一则较少接触老字号的原真要素，二则在老字号的购买中会将之与其他经典品牌做细致地比较，缺少创新的老字号增加了年轻人的购买风险。因此年轻人对老字号客观真实性要素的感知水平较低。因此，他们对缺乏创新的老字号没有积极的购买意向。研究的结果也为老字号的长期品牌管理从传承至今的客观要素中寻找激活或复兴的要素提供启示。

（2）假设 H2a 和 H2c 成立，表明老字号的建构真实增加了消费者对老字号的个性感知，刺激了消费者的购买意愿。老字号的建构真实性要素是基于老字号原物（原真）基础上社会建构的产物，老字号悠久的历史，丰富的人文或历史文化，法理、传统和魅力上的权威，以及自始至终对社会的责任等要素都将提升消费者对老字号个性的感知和购买意向。但假设 H3b 没有得到支持，表明老字号这些建构真实性要素并未得到消费者的认同，究其原因可能是由于：①过度的商业化降低了社会对老字号社会责任的认知；②泛滥的认证或排名刺激了公众的抵触心理；③规模的扩展加重了老字号的商业色彩等，这些需要在今后的研究中继续探究。

（3）假设 H3a 和 H3b 并未通过，原因可能在于消费者的内心仍关注老字号实实在在的"老"，对自我真实性要素在消费态度上并未认同。但假设 H3c 成立，这表明老字号自我真实还是有助于提升消费者的购买意向。在消费者购买老字号时，其目的并非完全基于其产品或服务的功能，他们还想通过老字号表达真实的自我，以此通过个人和社会自我真实的实现激发积极的消费行为。例如，老字号消费行为或仅是典型的面子消费，或仅是作为交际工具，或仅是为了响应传承和保护传统民族文化的号召，虽然完成了购买，但内心并未认同该品牌。

（4）另外，假设 H6b、H6c、H7c 和 H7d 不成立的原因可能有二，一是从消费者角度看，他们更多的关注老字号的"老"，实际的消费中重视老字号客体的传承与创新而忽略老字号自我真实性的体现，二是从产品及其品牌管理角度看，老字号企业有关怀旧要素的产品设计及其品牌传播忽略了怀旧的性别与年龄差异，不同类型的消费者无法区分自我真实性的差异。研究还发现，建构真实和自我真实在老字号类别之间存在显著差异，这表明将酒类、医药类、饮食及其他类三类老字号作为研究对象并开发统一量表存在一定的局限性。但本项研究是老字号真实性问题的探索性研究，因此并未区分和深入探讨该问题，而未来研究将细化不同类别老字号的真实性问题。

第二节 研究建议

一、企业营销建议

研究探索的老字号客观真实性、建构真实性以及自我真实性三大要素及其与消费者态度和行为间的关系表明，老字号企业发展的当务之急是明确品牌自身的优势和不足，认清"我是谁"、"我从哪里来"以及"要到哪里去"的问题，即认识老字号自我的"立老之本"，明确优劣势，紧紧围绕老字号独特的文化脉络和发展渊源，并针对变化的市场环境把握老字号未来发展的方向和策略。基于本书研究的结果，作者认为老字号企业长期品牌管理的核心在于传承客观真实要素，关键在于创新建构真实性要素，还要激活自我真实性要素。

（一）传承客观真实要素

在卖方市场向买方市场的转型中，诸多老字号缺乏明确的市场定位。而老字号之所以称之为"老"，根本原因在于其原汁原味的真实性要素。对于老字号企业而言，老字号的核心尤其是定位应该坚持老字号客观真实性要素的原汁原味，传承神秘的配方，诉求产地和原料的正宗，以及保持商号/牌匾的不变，否则老字号将失去其"老"以及"独特"的本质。研究结果显示，客观真实性要素是老字号的根本，它们不仅是老字号应传承的要素，也会影响消费者的态度和行为。由此本书作者认为，老字号企业首先应挖掘、传播和推广其客观真实性要素，明确老字号的定位之本。具体体现为：

1. 明确老字号的客观真实性要素

这些真实性的要素是老字号之所"老"的根本，也是老字号的核心竞争优势，明确该优势是老字号企业竞争的基础。如"五粮液"的真体现在小麦、玉米、糯稻、粳稻和高粱神秘的五谷配方；茅台无法克隆的产地即茅台镇的地理风情、气温与土地墒情等，主产于贵州仁怀等地的糯性高粱，"三高、三长以及季节性生产"的独特酿造工艺，这些都是茅台有别于其他酒产品、原汁原味的特色；老百姓认可的"全聚德"是拥有保存了历史原貌、"德"字少了一横牌匾的全聚德，这些真实性要素应是老字号独特的竞争优势。老字号企业首先应明确其原真要素，知己才能找出自身的优劣势。

2. 挖掘老字号的客观真实性要素

客观真实老字号的"后台"，有些客观真实性要素在商业化进程中可能会慢慢消逝，只有不断地挖掘老字号的客观真实性要素才能一直维持老字号的"老"即真实性。如古井集团推出"原浆"概念，"道光廿五"强调1845年原浆酒体勾兑，原本默默无闻的老品牌由此寻找到了新的卖点；六百多年的五粮液酒厂的明代地穴式发酵池是我国唯一现存最早的地穴式曲酒发酵窖池，五粮液一直使用至今并将其视为五粮液的酒体之本。

3. 传播和推广老字号的客观真实性要素

老字号"酒香不怕巷子深"的传统观念让诸多老字号的"老"渐渐被外界所遗忘甚至不为外界所知。老字号在挖掘客观真实性要素的同时，还应加大品牌传播的力度，通过广告、公关、口碑、事件以及新兴的社会化媒体例如微信等对品牌进行整合传播，让老字号的"老"众所周知。例如上海豫园诸多老字号通过传统技艺现场表演、特色产品现场制作等展示老字号独特的魅力；杭州"五味和"利用微信公众号向消费者介绍传统食品的烹饪，普及传统食品的知识，在消费者参与中实现了老字号的传播和推广。

原汁原味和货真价实是老字号之所以"老"的根本，也是其独特的竞争优势。但令人遗憾的是，诸多老字号在变化的市场需求压力下逐步偏离了其根本，丧失了老字号的特色，这是老字号企业务必正视和亟待解决的最大问题。另外，假冒商品也极大影响了老字号的经营和形象，建议老字号企业在坚持自身特色的同时，积极配合工商行政管理部门坚决打击假冒商品，充分利用老字号企业的信息和顾客资源优势，及时向有关部门提供信息，并及时通过社会媒体发布有关信息，实现老字号信息的分享。

（二）创新建构真实性要素

无论是老字号传承的工艺或技术，悠久的历史渊源，还是他们担负的社会责任，都显现出一脉相承的浑厚底蕴和浓烈的文化气息。这种文化本是老字号真实性的"后台"，但在逐步的商业化中他们融入了人类的社会建构，即人们根据各自的信仰、观念、权威等对老字号的真实与否进行建构，甚至于这种建构已经随着社会和市场的发展逐渐成为人们眼中真正的真实。虽为建构，但老字号的文化也是能够感染和影响人们思维方式和行为模式的力量，因此老字号企业还应弘扬和创新自身独特的文化，整体而言需做好：①明确并挖掘老字号文化。每个老字号的背后都有一段品牌发展的奋斗史，但"万变不离其宗"，老字号的发展与创新离不开老字号清晰、明确的原真文化。老字号企业需要做的就是要明确"我是谁"和"我从哪里来"。"我是谁"在于认识老字号自我历史、总结老字号特征以及了解本身优劣势；"我从哪里来"就是要明确老字号的文化脉络和发展源泉能否为己所用。雷允上尊奉"药香九十国唯质量奠基，店老十万天乃诚信为本"的信条，它们在历代地传承中时刻弘扬着这种文化，这也是赢得消费者认同的关键。②重视老字号传统文化中的创新。老字号不创新，则无法满足现代消费者尤其年轻人的需求。建构真实是在老字号客观真中融入了人类的社会建构，因此老字号企业应紧紧围绕客观真实，充分发挥企业的主观能动性，不断创新老字号的建构真实性要素，以求市场的认同。例如，老字号可以不断挖掘老字号的故事，利用和宣传老字号的故事能够增强市场的价值认同。产生于 1555 年的片仔癀不仅有"悬壶济世"的传说，还有片仔癀与外宾、与病人等之间温情的当代故事。另外，老字号也可在传统工艺和技术中求创新，以现代的工艺和技术永葆老字号的传统文化。诞生于 1669 年的同仁堂为面对现代西药的冲击，也在一直创新中药工艺，如开创中药片剂生产的先河，采取微波自动控制系统等，这同样是在"以创新求发展"中恪守"炮制虽繁必不敢省人工，品味虽贵必不敢减物力"制药古训。

创新建构真实性的难点和亟待解决的问题在于如何把老字号的原真要素与变化的市场需求嫁接起来，即通过产品创新、机制创新和消费群的创新适应变化的市场需求。当然，"打铁还需自身硬"，老字号企业创新的关键首先在于观念的创新。部分老字号企业长期受制于旧体制和旧观念的熏陶，目前还沉浸在产品观念和计划经济的思维定式中。一成不变的观念已无法适应变化的市场竞争，老字号企业应必须及时转变思维，进一步解放思想，与时俱进，开放以及创新经营意识与观念。另一方面，技术、营销、管理方式上持续的创新是老字号观念以致整体创新的支撑。基于研究结论，本研究认为老字号创新建构真实性要素需要具体做好以下策略：

1. 寻求品牌与历史人物或时间的关联

老字号见证和历经了世代的变迁，它们蕴含着丰富的人文和历史文化，它们大多与历史人物、事件及其奇闻趣事相关联，这不仅是老字号独特的文化遗产，也是引发消费者美好品牌联想，刺激消费者购买意向的品牌线索。Beverland 等（2008）就建议把"将品牌同过去联系起来"这一印象的要素设计成符号性线索。而该要素并非空穴来风，而是基于老字号原真要素基础上的挖掘和传播。全聚德始建于 1864 年清同治三年，发展至今引"百名元首竞折腰"的故事让全聚德久负盛名；著名剧作家田汉赞美张小泉剪刀"快似风走润如油, 钢铁分明品种稠, 裁剪江山成锦绣, 杭州何止如并州"的诗词等, 这些都应成为老字号企业挖掘和宣传的卖点。目前, 一些老字号企业开始建立企业或品牌展览馆, 如古井酒文化博物馆, 通过现代媒体或传播技术以实物、文字、图片、影像等展示老字号品牌的发展史。这种传播方式不仅仅是为了留住老品牌的记忆, 更是通过展示帮助消费者形成直观的体验。

2. 创新传统的工艺或技术

传承的工艺是老字号鲜明的特征, 但在快速发展的现代制作和工艺技术的冲击下, 部分老字号独特的制作工艺却显得陈旧落后。企业应做好两手准备: 首先, 加大对手工工艺和技术的扶持与投入, 加大政策、待遇和情感留人, 同时加大手工工艺的传播力度, 防止工艺和技术的失传。同时, 老字号企业还要加大工艺和技术的自动化、机械化和信息化改造, 通过科技的投入提高产品质量和生产效率, 从而满足消费者变化的市场需求。例如全聚德面临现代食品工业技术的飞跃发展, 在产品的生产中改造原有的"明烤炉"工艺为"复合式鸭炉", 推出全聚德真空包装系列风味食品, 通过诸如以上的产品和工艺创新为全聚德的复兴打下了坚实的基础。

3. 积极参与老字号认证

认证不仅能赢得消费者的信任, 而且能够取得有关组织或部门在政策和经济上的支持。老字号企业应该积极参与诸如商务部的"中华老字号"、国家工商总局的"中国驰名商标"、国家质量技术监督局的"原产地产品"以及所在城市或地市有关品牌的认定工作。相关认证的获取并非一夕之功, 一旦成功便会带来"光环效应"。例如, 商务部先后于 2006 年和 2011 年认定 1129 家"中华老字号", 此殊荣的获得不仅能够体现出老字号拥有独特的工艺、产品和服务, 鲜明的文化特征和历史痕迹, 而且传递出良好的商业信誉和社会公众对它的广泛认可, 因此在同类产品的竞争中具有绝对的权威性。

4. 关注公益, 淡化商业色彩

由于财力有限, 老字号企业的宣传和推广一直是其难题。老字号应紧紧围绕其传统文化特色, 关注公益, 淡化其经营的商业色彩。老字号的共同特点就在于其独特的传统文化特色, 它们大多秉承了儒家文化中的"义利观", 即主张"见利思义"、"见得思义"和"予然后取"的商业理念和道德, "货真价实"、"童叟无欺"是几乎每家老字号品牌的经营理念。例如, 瑞蚨祥"至诚至上、货真价实、言不二价、童叟无欺"的信条，王老吉"济世利人"和同仁堂"济世养生、同修仁德"的理念等。诸如此类基于公益的经营理念和信条，不仅是老字号传统文化的体现，更是现代市场中老字号企业营销和传播的技巧和突破，不同于商业广告强硬的灌输，它更易于赢得消费者的心理。王老吉2012年成立1.828亿爱心公益基金，秉承"济世利人"的经营理念，先后启动"让爱吉时回家"、"再行一公里，捐献一块钱"、"七彩小屋"、"四季彩虹"等公益活动。"润物细无声"般持续与坚持不懈的公益活动在传承品牌文化的同时，实现了老字号企业品牌价值及其整体形象的提升。

（三）激活自我真实性要素

自我真实是产生于个人体验的感知，是梦想、幻想、陈词滥调（stereo-types）和期望在客体或体验上的反应（Bruner，1994），是超越知觉的象征性真实（Culler，1981）。因此，老字号应激活真实性要素，通过怀旧、品牌社群等拓展和强化消费者对老字号形成的品牌联想激发消费者自我真实情感。

1. 挖掘和传播老字号个人怀旧元素

对于年龄较大的消费者，对老字号多怀有难舍的怀旧情结，通过挖掘这些怀旧元素，巧妙利用现代广告传播，能够唤起和强化消费者对老字号的怀旧情结。例如，南方黑芝麻糊，"一股浓香，一缕温暖"，它的广告在整个设计上（包括背景、人物、声音等）无不充斥着怀旧的元素，这些会勾起消费者儿时那片温情的回忆。研究表明，具有较高怀旧倾向的消费者对与老字号有更高的积极心理响应，老字号企业应从个人、家庭、产品式样、制作工艺等挖掘和传播老字号的真实性要素。

首先，塑造老字号品牌形象，传递原真的品牌文化。历经数百年的市场磨砺，老字号之所以被市场认可主要是基于其原汁原味的品牌要素，如创始人的个人传奇、老字号的历史事件、高质量的承诺等。老字号企业应善于把握并挖掘此类客观或建构的真实性品牌要素，塑造独具特色的老字号品牌形象，凸显老字号的怀旧个性。

其次，善用怀旧营销，唤起情感共鸣。怀旧营销不仅要做到怀旧要素的视觉形式化，还要关注怀旧广告的传播。企业可以在商标、产品包装、产品形态、店面布置与陈列等中注入怀旧元素，如大白兔奶糖"跳跃的大白兔"形象激发和唤醒了一代又一代消费者的怀旧情感。而在怀旧的传播中，企业可以通过制作以怀旧为主题的品牌叙事，设计怀旧的场景，选择时代感较强的代言人等唤醒消费者的怀旧情感，如"南方黑芝麻糊"勾起了众多消费者对儿时食物清香与情感温馨的回忆。

2. 诉求关系元素，强化个人社会归属

中国是典型的关系导向型社会，挖掘和诉求老字号的关系元素无疑有助于强化消费者个人的社会归属，因此老字号应从消费者出发，强化老字号"真有之情"和"应有之情"的品牌关系要素：① "应有之情"是老字号企业应利用家庭、代际、社群等既定关系，强化消费者对老字号的习惯性使用而产生的感情，这种感情让消费者感觉就应该一直使用它。例如"我家的孔雀床单"就在诉说着老字号伴随几代人的生活轨迹，它吸引人们通过各种途径分享家庭故事，"孔雀"品牌是几代人的选择。同时，"应有之情"也包括老字号蕴含的民族情结，发扬和推广中国传统文化不仅能得到政府支持，更易获取消费者心理和行为上的认可。② "真有之情"是老字号企业应以消费者为中心建立的消费者与老字号、消费者之间的情感联结。老字号应借鉴现有品牌社群的成功经验，构建和维系拥有共同意识、传统与仪式、道德责任和关键消费者的老字号品牌社群。在社群中，老字号企业应传递和引导老字号传统、独特的品牌理念和价值，定期组织或参与与该老字号相关的体验活动，通过社群活动，实现消费者对老字号的归属感以及消费者之间的相互认同。当前，诸多老字号加入微商，利用微信吸引和培养消费者社群，这是自媒体时代老字号品牌社群的尝试和创新。

二、政府建议

老字号的传承和创新关键在于自救，但也需要政府和社会公众提供和塑造良好的外部发展环境。政府重视、扶持和保护老字号，并非简单地把它们视为富有历史价值的资产而加以保护，而是鼓励它们挖掘、传承和发扬老字号背后蕴藏的原真文化和品牌内涵，使其传统精神和理念能够薪火相传。结合本项研究的结论，我们提出以下几点建议。

（一）完善老字号认证体系，引导老字号健康发展

政府或有关部门应该依据公开、公平、透明的原则扶持和保护一些特色鲜明、发展前景良好的老字号，并给予政策、资金上的资助和扶持。2006 年 4 月，国家商务部颁布了《"中华老字号"认定规范（试行）》的老字号振兴方案，这是迄今为止最为权威的老字号认证工程，先后两批次认定 1129 家中华老字号。部分地方政府及其部门，如上海、北京、南京、厦门等地，也积极贯彻落实《商务部关于进一步做好中华老字号保护与促进工作的通知》，并制定和实施符合本地区老字号发展规律的地方性老字号保护与促进政策。例如，上海市商务委员会联合上海市中华老字号企业协会自 2012 年开始颁布和实施"上海老字号"认定。本书梳理部分认证程序发现，已有认证更多关注老字号的传承而轻视了老字号的创新。结合研究结论，我们认为：①老字号的认证不仅要坚持老字号历代传承的产品、技能、工艺或服务，传承的特色文化，品牌创立的时间（例如提供明确的地方志、历史档案证明材料）等老字号的传承因素，还要兼顾老字号的创新，例如，将商标、社会影响、近 3 年业绩等引入纳入认证条件，即老字号的认证不仅重视"老"，还要考虑其经营；②同步完善已认定老字号的退出机制。退出机制中应重点关注老字号的社会责任，若有违反诚信、唯利是图等有悖老字号传统文化理念的，认证单位应依据退出机制向其提出整改甚至取消认证称号，并通过相关媒体及时公示。

（二）建立老字号保护体系，优化老字号发展环境

1. 老字号知识产权保护

老字号老化的原因之一在于缺乏立法的保护，尤其知识产品的保护，因此老字号侵权事件屡禁不止，例如湖北周黑鸭屡被侵权，"狗不理"、"六必居"、"同仁堂"等在国外被抢注等，这对老字号企业造成了不可估量的损失，老字号的保护刻不容缓。因此建议，一方面，老字号企业应学法、知法和守法，及时将富有特色的客观和建构真实性品牌要素或注册为商标，或申请为专利和地理标示，并积极参与政府部门组织的老字号认证，依法加强对老字号的全面保护。另一方面，政府应该：①立法，广泛参考各地保护老字号的经验，制定符合我国或地方实际情况的老字号保护条例；②引导，通过各种形式向老字号企

业介绍和推广老字号保护的经验和法律条例，提高老字号自我保护的自觉性和主动性；③执法，要严厉打击侵权、违法行为，以民事责任为主，辅之行政、刑事责任，确保老字号企业的合法权益。

2. 将老字号纳入城市规划

城市的规划、建设和改造应充分考虑老字号原址原貌的保护，维系老字号的产地原真。目前的普遍做法是在老字号较为集中的区域，政府划定保护范围，制定针对性和专门性的保护规划，将老字号产品及其工艺、技术等整合成店铺，并将它们建设成老字号特色商业街，如杭州清河坊、上海豫园、黄山屯溪老街等，这不仅增加了城市的人文景观和商业功能，在弘扬商业文化的同时也促进了旅游消费和特色消费的增长。最新的《上海市商业网点布局规划（2014～2020）》将上海诸多老字号纳入南京西路整体规划，现代化的商业街保留着极具民族特色的老字号店铺，例如有极具民族传统工艺的龙凤中式服装店，有"国药之府"之称的百年老店雷允上，有"自行车王国"之称的得利车行等，让南京西路呈现时尚和历史交替景象。

3. 加强老字号社会宣传

传承、创新和激活老字号同样离不开政府对社会公众积极参与老字号活动的宣传以及良好交流平台的形成。鼓励政府将老字号以文字、影视形式纳入城市专题、宣传以及记录片，优先为老字号企业及其品牌提供经营和展示的场所。《上海商业》辟出专栏，构筑了"中华老字号"企业的宣传平台，这不仅是老字号企业之间业务沟通和交流的创新性媒体渠道，也是老字号企业与消费者之间沟通和交流的桥梁和纽带。

（三）优化老字号促进体系，提升老字号的市场关注

政府应引导老字号的传承与创新工程，提升社会和企业对老字号的关注。需做好：①加强对老字号技艺、服务和文化等特色的挖掘、研究和传承工作。组织或鼓励有条件的老字号企业或相关单位挖掘、收集、整理、保管和展示老字号文献史料，传承和弘扬老字号文化；②引导社会资本参与老字号发展，鼓励社会资本流向政府认证、具有广泛群众基础和发展潜力的老字号，为老字号的传承和创新提供充足的社会资本；③鼓励政府部门和企事业单位发布老字号振兴课题，以地方或区域老字号发展为背景，以老字号传承和创新为宗旨，以解决老字号发展面临的具体问题为目标，向社会尤其高等院校、研究院所等相关部门发布纵向或横向课题，为老字号的长期品牌管理提供坚实的理论支持。

第三节　研究局限与后续研究

尽管历尽所能保持研究方法和研究过程的科学性，但由于老字号概念研究的探索性，以及受到研究范围和能力的限制，本书不免存在一些不足。

一、研究局限

首先，调研对象选择方面的不足。第三次调研在上海、北京、西安、安徽合肥和蚌埠五座城市通过街头随机拦截和网络问卷有偿进行，共收集有效样本406份，但老字号企业分布广泛，基于五座城市的研究结论能否反映其他城市消费者的意见值得商榷。

其次，老字号所调研品牌的选择问题。我国老字号数量众多，仅商务部认定的中华老字号就达1129家。为减少调研的难度，本书在老字号量表构建的调研中选择46家上市老字号品牌中提及率最高的9个品牌。虽然这些品牌为大部分被试所熟悉，但其优异的经营管理可能会影响消费者对问卷的全面判断和评价，最终影响量表的信度。

再次，调节效应的不理想。研究表明，老字号的建构和自我真实性感知在酒类、医药类和饮食类上存在显著差异，这势必会影响消费者的态度和购买意向。但因理论和技术上的限制，本书未考虑老字号产品类别的调节，这将是未来研究亟待解决的问题。同时，或是受到样本量的影响，或是由于本文对老字号真实性的研究尚属初步的探索性研究，本书中的代际调节假设均未通过，今后的深度研究将会进一步关注代际的调节。

最后，消费者的真实性感知具有很强的内隐性，本书虽然选择了32位被试者进行深度访谈，力图尽可能挖掘消费者对老字号的真实感知。但受到深度访谈方法本身以及访谈者访谈技巧的限制，访谈可能会错失被访者的表情和反应，因而可能无法准确挖掘被访者真实的内心感知。这也是本书在探讨老字号真实性概念时遇到的难题，今后的研究可在深度访谈中借助认知神经科学的研究方法。

二、后续研究建议

首先，需要在老字号真实性的研究上做长期的纵贯研究。本书将真实性理论引入老字号的管理中，真实性概念的界定及其作用机理多属于探索性研究，这就需要在该领域做长期的纵贯研究，这将有助于进一步完善老字号真实性的内涵，以及深入解释老字号品牌的作用机理。

其次，一些因素对老字号真实性影响消费态度及其行为的调节作用的研究。例如，老字号产品类别、消费者价值观、收入水平等因素的调节作用，这或许能为老字号企业细分目标市场和品牌定位提供新的视角。

再次，挖掘和梳理出老字号真实性中的传承和创新要素。老字号的真实性因子是老字号的"真"，但这些要素中哪些是老字号必须传承的？哪些是亟待创新的？由于企业战略和消费者认知方面的原因，企业的产品或服务无法适应变化的目标市场，加之品牌传播不利，老品牌的个性大多趋于模糊和老化（Lehu，2004）。而鉴于老品牌的历史价值和消费者的怀旧心理（Davis，1979），老品牌又需体现"老和真"。为避免个性冲突给企业带来的困境，国内外学者早已开始关注长期品牌管理（Keller，1999；何佳讯等，2007；卢泰宏和高辉等，2007）。长期品牌管理有品牌强化和品牌激活之分。前者向消费者传递一致的品牌意义，强调维系品牌的不变性；后者改变品牌知识以提升品牌资产。它们的分歧体现在产品/服务、目标市场和营销沟通方面"传承和创新"、"变与不变"等要素的选择上（Kapferer，1992；Wiedmann et al.，2011）。而若能在传承和创新中融入老品牌的真实性要素，或者在老字号真实性要素中挖掘和梳理传承和创新要素，这将会为解决传承和创新的矛盾提供新的思路，但这是学者尚未关注而后续研究亟待解决的。

行文至此，本书的写作部分接近尾声，它是笔者国家社会科学基金项目《老字号品牌真实性、作用机理及其营销策略研究》工作的阶段性总结。品牌真实性尤其老字号真实性的研究才刚刚起步，本书界定的老字号真实性概念，构建的老字号真实性量表，以及提出的老字号真实影响消费者态度和行为的概念模型和理论框架，还需要对后续研究进一步的丰富和拓展。

附　　录

附录 A

老字号访谈提纲

1. 您认为什么是老字号？它应具备什么特征？（它应是什么样的？）

2. 您使用过的老字号中印象最深的是哪个品牌？为什么给您带来这么深的印象？（随之询问该老字号的一些基本情况，如产品类型、产地、品牌产生时间等）

3. 您为什么购买它？动机是什么？

4. 在您的印象中，该老字号变了吗？（哪里没变？哪里变了？）

5. 您认为该老字号还是"真"的嘛？"真"在哪里？

6. 您心理上还认同该老字号么？为什么？

附录 B

编号：_____

饮食及其他类"中华老字号"的真实性感知调查

尊敬的女士/先生：

您好！我们是上海财经大学老字号品牌课题研究小组，希望了解您对我国部分饮食及其他类老字号的一些看法。您的配合是对我们研究的最大支持，在此衷心地表示感谢！

一、"全聚德"、"老凤祥"、"光明"三家老字号中，您最为熟悉的品牌是_____。请在下列 1~7 个等级中用"√"标出您对该品牌的熟悉程度。

（非常不熟悉）　　1　2　3　4　5　6　7　　（非常熟悉）

二、通过您对该品牌的了解或使用感受，您在多大程度上同意下面的看法？请用 1~7 表示您赞同的程度（1 表示完全不赞同，4 表示基本赞同，7 表示完全赞同，以此类推）并填写在相应位置。

	完全不赞同………完全赞同 1…………………………7						
1. 它原料正宗	1	2	3	4	5	6	7
2. 它配方神秘	1	2	3	4	5	6	7
3. 它产地正宗	1	2	3	4	5	6	7
4. 它商号/牌匾一直没有改变	1	2	3	4	5	6	7
5. 它与某历史人物或事件相联系	1	2	3	4	5	6	7
6. 它具有传统的制造工艺或技术	1	2	3	4	5	6	7
7. 它的质量还是一如既往	1	2	3	4	5	6	7
8. 它看起来具有很悠久的历史	1	2	3	4	5	6	7
9. 它具有显著的地方特色	1	2	3	4	5	6	7
10. 通过认证，它具有权威性	1	2	3	4	5	6	7
11. 它在业内具有一定的影响力	1	2	3	4	5	6	7

	完全不赞同………完全赞同 1……………………7						
12. 它符合所在行业的规范	1	2	3	4	5	6	7
13. 它关注社会公益	1	2	3	4	5	6	7
14. 它价格公道，童叟无欺	1	2	3	4	5	6	7
15. 它没有很强的商业色彩	1	2	3	4	5	6	7
16. 它关爱自己的员工	1	2	3	4	5	6	7
17. 使用它，我感觉身体得到了放松	1	2	3	4	5	6	7
18. 使用后，它让我的心情感觉很轻松	1	2	3	4	5	6	7
19. 使用后，它让我好像回到了从前	1	2	3	4	5	6	7
20. 它能让我很容易融入某个群体	1	2	3	4	5	6	7
21. 它让我很有面子	1	2	3	4	5	6	7
22. 有了它，我与很多人有了共同的话题	1	2	3	4	5	6	7
23. 使用它，我感觉我在帮助传播传统文化	1	2	3	4	5	6	7
24. 使用它，我感觉我在帮助保护传统文化	1	2	3	4	5	6	7
25. 使用它，我感觉我在帮助它实现经营宗旨或价值	1	2	3	4	5	6	7

三、请提供您简单的个人资料

1. 性别：□男　　　　□女

2. 您的年龄：□34 岁及以下　　□35～52 岁　　□53 岁及以上

3. 受教育程度：□高中及以下　　□大中专及本科　　□研究生

4. 籍贯：＿＿＿＿＿＿＿

再次感谢您的支持和配合！

附录 C

编号：_____

酒类老字号真实性、态度与行为意向调查表

亲爱的女士/先生：

您好！

这是一份关于老字号品牌真实性的调查问卷，旨在了解老字号真实对人们购买态度和行为意向的影响。恳请您能够抽出宝贵时间帮助我们填写问卷，您的配合将对学术研究做出贡献。本问卷采取无记名方式填写，所有资料仅供学术研究参考。在此表示衷心感谢！

安徽财经大学消费者行为研究中心

一、您的个人资料（请在符合您情况的选项上画"√"）

1. 性别：□男　　　□女

2. 您的年龄：□34 岁及以下　　□35～52 岁　　□53 岁及以上

3. 您目前的受教育程度：□高中及以下　□大中专及本科　□研究生

4. 您常年生活的省（自治区、直辖市）：_____

二、在中国著名的酒类老字号品牌中，您最熟悉的品牌是_____。

三、请您对您最熟悉的该酒类品牌进行评价。（1～7 表示您赞同的程度，1 表示完全不赞同，7 表示完全赞同，以此类推。并请在相应的数字上画"√"）

	完全不赞同…………………完全赞同 1…………………………………7						
OA1 它原料正宗	1	2	3	4	5	6	7
OA2 它配方神秘	1	2	3	4	5	6	7
OA3 它产地正宗	1	2	3	4	5	6	7
OA4 它的商号/牌匾一直没有改变	1	2	3	4	5	6	7
CA1 该品牌与某历史人物或事件相联系	1	2	3	4	5	6	7
CA2 它具有传统的制造工艺或技术	1	2	3	4	5	6	7

	完全不赞同…………………完全赞同 1…………………………7						
CA3 它看起来具有很悠久的历史	1	2	3	4	5	6	7
CA4 它通过了相关认证，具有权威性	1	2	3	4	5	6	7
CA5 它关注社会公益	1	2	3	4	5	6	7
CA6 它的商业色彩不太浓厚	1	2	3	4	5	6	7
SA1 该品牌的某些特征让我心理压力得以释放	1	2	3	4	5	6	7
SA2 该品牌能引起我美好的回忆	1	2	3	4	5	6	7
SA3 该品牌能提升我的社交效果	1	2	3	4	5	6	7
SA4 该品牌能让我很有面子	1	2	3	4	5	6	7
SA5 该品牌有助于传播传统文化	1	2	3	4	5	6	7
SA6 该品牌有助于保护传统文化	1	2	3	4	5	6	7

四、您在多大程度上同意下列观点？（1~7 表示您赞同的程度，1 表示完全不赞同，7 表示完全赞同，以此类推。并请在相应的数字上画"√"）

	完全不赞同…………………完全赞同 1…………………………7						
PV1 该品牌提供的价值对得起它的价格	1	2	3	4	5	6	7
PV2 消费该品牌，我愿意付出更多的精力或体力	1	2	3	4	5	6	7
PV3 对于该品牌，我总体感觉是物有所值的	1	2	3	4	5	6	7

五、您在多大程度上同意下列观点？（1~7 表示您赞同的程度，1 表示完全不赞同，7 表示完全赞同，以此类推。并请在相应的数字上画"√"）

	完全不赞同…………………完全赞同 1…………………………7						
CI1 该品牌的形象跟我有类似之处	1	2	3	4	5	6	7
CI2 消费该品牌能使我获得他人的认可	1	2	3	4	5	6	7
CI3 消费该品牌能帮助我与他人区分开	1	2	3	4	5	6	7

六、您在多大程度上同意下列观点？（1~7 表示您赞同的程度，1 表示完全不赞同，7 表示完全赞同，以此类推。并请在相应的数字上画"√"）

	完全不赞同…………完全赞同 1…………………………7						
BI1 我未来非常有可能购买该品牌	1	2	3	4	5	6	7
BI2 当我需要的时候，我将购买该品牌	1	2	3	4	5	6	7
BI3 我将肯定会尝试该品牌	1	2	3	4	5	6	7
BI4 我愿意购买该品牌	1	2	3	4	5	6	7

问卷到此结束，请您再次检查是否有漏填之处，再次感谢您！

附录 D

编号：＿＿＿＿＿＿＿

百货零售类老字号品牌个性调查表

尊敬的女士/先生：

您好！我们是安徽财经大学消费者行为研究中心调查小组，希望了解您对我国老字号品牌的一些看法。您的配合将是对我们研究最大的支持，在此衷心地表示感谢！

一、请根据您对老字号百货零售类品牌中王府井（商标：王府井百货）、西单商场（商标：XDSC）、老凤祥（商标：老凤祥）的了解，假想它们中您最熟悉的某一品牌是具备以下各项人格个性的人。您多大程度上同意下面的看法？请在相应选项上用"√"标出。

	完全不赞同…………………完全赞同 1……………………………7						
1. 有品位，即该品牌具有一定的欣赏水平	1	2	3	4	5	6	7
2. 沉稳，即该品牌不浮躁，行事稳重	1	2	3	4	5	6	7
3. 健康，即该品牌积极向上，自身没有缺陷	1	2	3	4	5	6	7
4. 独特，即该品牌独一无二，与众不同	1	2	3	4	5	6	7
5. 诚信，即该品牌诚实，讲信用	1	2	3	4	5	6	7
6. 经济，即该品牌节省、实惠	1	2	3	4	5	6	7
7. 古朴，即该品牌朴素且有传统风格	1	2	3	4	5	6	7
8. 自然，即该品牌不做作，行事不拘束	1	2	3	4	5	6	7
9. 务实，即该品牌讲究实际，实事求是	1	2	3	4	5	6	7
10. 有恒，即该品牌有恒心，坚持不懈	1	2	3	4	5	6	7
11. 权威，即该品牌在同类产品中有一定的声望和地位	1	2	3	4	5	6	7
12. 儒雅，即该品牌的风度温文尔雅	1	2	3	4	5	6	7
13. 正宗，即该品牌一脉相承，传统色彩浓厚	1	2	3	4	5	6	7

续表

	完全不赞同…………完全赞同 1…………………………7						
14. 有责任心，即该品牌敢于负责，主动负责	1	2	3	4	5	6	7
15. 温馨，即该品牌亲切体贴	1	2	3	4	5	6	7
16. 勤劳，即该品牌兢兢业业，不怕劳苦	1	2	3	4	5	6	7
17. 悠久，即该品牌古老而受敬仰	1	2	3	4	5	6	7
18. 安全，即该品牌没有危险或危害	1	2	3	4	5	6	7
19. 纯正，即该品牌单纯，不受外界干扰	1	2	3	4	5	6	7
20. 道德，即该品牌行为处事有社会道德感	1	2	3	4	5	6	7
21. 厚道，即该品牌温厚，与人为善	1	2	3	4	5	6	7
22. 仁爱，即该品牌宽仁慈爱	1	2	3	4	5	6	7
23. 专业，即该品牌对其所处行业了解透彻	1	2	3	4	5	6	7
24. 低调，即该品牌谦虚谨慎，不张扬	1	2	3	4	5	6	7
25. 值得信赖，即该品牌值得相信并敢于托付	1	2	3	4	5	6	7
26. 该品牌的个性与我的个性相符	1	2	3	4	5	6	7
27. 我认同该品牌所代表的价值观	1	2	3	4	5	6	7
28. 我认同该品牌所代表的生活方式	1	2	3	4	5	6	7
29. 未来，我会忠于该品牌	1	2	3	4	5	6	7
30. 需要时，我会再购买该品牌	1	2	3	4	5	6	7
31. 较其他同类产品品牌，我更偏好该品牌	1	2	3	4	5	6	7
32. 该品牌有售时，我不会购买其他品牌	1	2	3	4	5	6	7
33. 我会乐于向他人推荐该品牌	1	2	3	4	5	6	7

二、请您提供您简单的个人资料

1. 性别：□男　　　□女

2. 受教育程度：□高中及以下　　□大中专及本科　　　□研究生

3. 籍贯：＿＿＿＿＿＿＿＿

参 考 文 献

中文参考文献

[1] 安维复：《从基本范畴的深度分析看社会建构主义作为共建的辩证法》，《社会科学》2009 年第 10 期，第 99～109 页。

[2] 安维复，梁立新：《究竟什么是"社会建构"——伊恩·哈金论社会建构主义》，《吉林大学社会科学学报》2008 年第 6 期，第 74～78 页。

[3] "北京老字号发展研究"课题组：《北京市老字号的发展现状及对策研究》，《北京行政学院学报》2004 年第 3 期，第 40～44 页。

[4] 伯格，卢克曼著，汪涌译：《现实的社会建构》，北京大学出版社，2009 年。

[5] 陈向明：《扎根理论的思路和方法》，《教育研究与实验》1999 年第 1 卷第 4 期，第 58～63 页。

[6] 陈迅，韩亚琴：《企业社会责任分级模型及其应用》，《中国工业经济》2005 年第 9 期，第 99～105 页。

[7] 陈勇星：《冠生园老字号重名原因及其对策的研究》，《商业研究》2003 年第 5 期，第 173～175 页。

[8] 邓永成：《基于消费心理的商品真实性研究》，上海财经大学出版社，2011 年。

[9] 董大海，权小妍和曲晓飞：《顾客价值及其构成》，《大连理工大学学报》（社会科学版）1999 年第 20 卷第 4 期，第 18～20 页。

[10] 冯淑华，沙润：《游客对古村落旅游的"真实感——满意度"测评模型初探》，《人文地理》2007 年第 6 期，第 85～89 页。

[11] 高燕，凌常荣：《旅游者对黑衣壮民族文化的真实性感知差异与满

意度》,《旅游学刊》2007 年第 22 卷第 11 期, 第 78～94 页。

[12] 何佳讯, 李耀:《品牌活化原理与决策方法探窥——兼谈我国老字号品牌的振兴》,《北京工商大学学报》(社会科学版) 2006 年第 21 卷第 6 期, 第 50～55 页。

[13] 何佳讯, 秦翕嫣, 杨清云和王莹:《创新还是怀旧? 长期品牌管理"悖论"与老品牌市场细分取向——一项来自中国三城市的实证研究》,《管理世界》2007 年第 11 期, 第 96～107 页。

[14] 黄胜兵, 卢泰宏:《品牌个性维度的本土化研究》,《南开管理评论》2003 年第 1 期, 第 4～9 页。

[15] 蒋廉雄, 冯睿, 朱辉煌和周懿瑾:《利用产品塑造品牌: 品牌的产品意义及其理论发展》,《管理世界》2012 年第 5 期, 第 88～108 页。

[16] 金立印:《基于品牌个性及品牌认同的品牌资产驱动模型研究》,《北京工商大学学报》2006 年第 1 期, 第 5～8 页。

[17] 金立印:《企业社会责任运动评价指标体系实证研究: 消费者视角》,《中国工业经济》2006 年第 6 期, 第 114～120 页。

[18] 金培, 李刚:《企业社会责任公众调查的初步报告》,《经济管理》2006 年第 3 期, 第 13～16 页。

[19] 卡尔·曼海姆:《意识形态和乌托邦》, 华夏出版社, 2001 年。

[20] 凯文·林奇著, 方益萍, 何晓军译:《城市意象》, 华夏出版社, 2011 年。

[21] 孔令仁:《中国老字号》, 高等教育出版社, 1998 年。

[22] 李佛关:《基业长青: 品牌激活还是新创品牌》,《中国商贸》2009 年第 6 期, 第 106～107 页。

[23] 李海婴:《企业社会责任: 层次模型与动机分析》,《当代经济管理》2006 年第 6 期, 第 35～37 页。

[24] 李颖灏, 朱立:《社会认同对消费者行为影响研究的述评》,《经济问题探索》2013 年第 2 期, 第 165～170 页。

[25] 李悦:《老字号品牌对城市意象影响力研究综述》,《前沿》2010 年第 23 期, 第 96～98 页。

[26] 廖佳丽:《品牌老化与品牌激活》,《企业管理》2007 年第 8 期, 第

86~87页。

[27] 廖小平:《分化与整合——转型期价值观代际变迁研究》,高等教育出版社,2007年。

[28] 林龙飞,黄光辉,王艳:《基于因子分析的民族文化旅游产品真实性评价体系研究》,《人文地理》2010年第25卷第1期,第39~43页。

[29] 卢泰宏,高辉:《品牌老化与品牌激活研究述评》,《外国经济与管理》2007年第29卷第2期,第17~23页。

[30] 马春爱:《基于权威理论的家族企业家对企业的影响作用机理研究》,《管理评论》2011年第23卷第6期,第88~93页。

[31] 马龙龙:《企业社会责任对消费者购买意愿的影响机制研究》,《管理世界》2011年第5期,第120~126页。

[32] 迈克尔波特:《竞争优势》,中国财政经济出版社,1988年。

[33] 孟昭泉:《店名文化探源及其老字号》,《河南社会科学》1998年第1期,第107~109页。

[34] 邱皓政:《结构方程模型——Lirrel的理论、技术与应用》,双叶书廊,2005年。

[35] 荣泰生:《AMOS与研究方法》,重庆大学出版社,2009年。

[36] 姚鹏,王新新:《弱势企业并购后品牌战略与消费者购买意向关系研究——基于品牌真实性的视角》,《营销科学学报》2014年第10卷第1期,第97~111页。

[37] 陶云彪:《老字号品牌资产五维度探析——基于Aaker理论》,《企业活力》2010年第12期,第39~41页。

[38] 田美蓉:《游客对歌舞旅游产品真实性评判研究——以西双版纳傣族歌舞为例》,《桂林旅游高等专科学校学报》2005年第16卷第1期,第12~19页。

[39] 汪纯孝,温碧燕和姜彩芬:《服务质量、消费价值、游客满意感与行为意向》,《南开管理评论》2001年第8期,第11~15页。

[40] 王长征:《当代西方营销理论的三大中心议题——真实性、解放、关系》,《外国经济与管理》2005年第11期,第18~24页。

[41] 王登峰,崔红:《中国人人格量表的信度与效度》,《心理学报》

2004 年第 36 卷第 3 期，第 347~358 页。

[42] 王海忠，赵平：《品牌原产地效应及其市场策略建议——基于欧、美、日、中四地品牌形象调查分析》，《中国工业经济》2004 年第 1 期，第 78~86 页。

[43] 王静一：《老品牌的长寿性、品牌信任与消费者购买意向关系的实证研究》，《广东商学院学报》2011 年第 3 期，第 61~66 页。

[44] 王静一：《国货老品牌的信任机制研究》，《广东商学院学报》2011 年第 1 期，第 38~43 页。

[45] 王颖：《城市社会学》，上海三联书店，2005 年。

[46] 王勇，吴斌：《39 家消逝，21 家申请仅 4 家通过——"老字号"的河南救赎》，《中国经济周刊》2006 年第 42 期，第 34~35 页。

[47] 王志刚，毛燕娜和陈传波：《HACCP 认证标签对商品价格有影响么？来自北京市海淀区六大超市奶制品的调查研究》，《中国软科学》2004 年第 4 期，第 75~82 页。

[48] 武俊平：《第五代人》，天津教育出版社，1998 年。

[49] 吴明隆：《结构方程模式——AMOS 的操作与应用》，五南图书，2010 年。

[50] 肖捷：《中国情境下社会责任消费行为量表研究》，《财经理论与实践》2012 年第 3 期，第 89~93 页。

[51] 向忠宏：《中国品牌个性量表及初步实证》，《科技智囊》2010 年第 12 期，第 32~39 页。

[52] 徐伟，高利芳和王新新：《基于资本市场的营销绩效研究回顾与启示》，《外国经济与管理》2012 年第 34 卷第 4 期，第 47~54 页。

[53] 徐伟，李耀：《古村落旅游真实性感知的指标构建及评价——基于皖南古村落的实证数据》，《人文地理》2012 年第 3 期，第 98~102 页。

[54] 徐伟，江若尘和盛伟：《品牌社群特征维度、顾客归属感与忠诚感研究——基于中国电信行业的实证数据》，《软科学》2010 年第 24 卷第 10 期，第 34~40 页。

[55] 徐伟，王平，王新新，宋思根：《老字号真实性的测量与影响研究》，《管理学报》2015 年第 12 卷第 9 期，第 1286~1293 页。

[56] 徐伟，王新新：《旅游真实性感知及其与游客满意、行为意向的关

系——以古村落旅游为例》,《经济管理》2011 年第 33 卷第 4 期,第 111~117 页。

[57] 徐伟,王新新:《商业领域"真实性"及其营销策略研究探析》,《外国经济与管理》2012 年第 34 卷第 6 期,第 57~65 页。

[58] 徐伟,王新新,刘伟:《老字号真实的概念、维度及特征感知——基于扎根理论的质性研究》,《财经论丛》2015 年第 11 期,第 80~87 页。

[59] 徐伟,王新新和薛海波:《老字号品牌个性、认同与忠诚——个性量表开发与评价》,《财经论丛》2013 年第 4 期,第 95~100 页。

[60] 徐伟,汤筱晓,王新新:《老字号真实性、消费态度与购买意向》,《财贸研究》2015 年第 3 期,第 133~141 页。

[61] 许淑莲,吴志平,吴振云,孙长华:《成年期自我概念的年龄差异研究》,《心理科学》第 20 卷第 4 期,第 289~293 页。

[62] 薛可,余明阳:《中国品牌的文化基因解读》,《新闻界》2006 年第 6 期,第 135 页。

[63] 严莉,涂勇:《揭秘平的 SINCE 效应》,《销售与市场》2010 年第 22 期,第 32~35 页。

[64] 袁家方:《老字号——城市的文化地标》,《北京观察》2008 年第 1 期,第 22~27 页。

[65] 张鸿雁:《城市·空间·人际——中外城市社会发展比较研究》,东南大学出版社,2003 年。

[66] 张宁,李诚:《老字号的核心价值》,《企业管理》2011 年第 1 期,第 59~61 页。

[67] 张术麟:《论传统老字号商号权的法律保护》,《湖北民族学院学报》2004 年第 3 期,第 22~26 页。

[68] 张永杰,程远忠:《第四代人》,东方出版社,1988 年。

[69] 郑也夫:《知识分子研究》,中国青年出版社,2004 年。

[70] 周延风,罗文恩和肖文建:《企业社会责任行为与消费者相应——消费者个人特征和价格信号的调节》,《中国工业经济》2007 年第 3 期,第 62~69 页。

[71] 周志民:《基于品牌社群的消费价值研究》,《中国工业经济》2005 年第 2 期,第 103~109 页。

［72］朱丽叶:《老字号独特性品牌资产的来源和构成》,《经济经纬》2008 年第 1 期, 第 117 ~ 120 页。

［73］佐伊:《中华老字号——同仁堂》,《连锁与经营》2008 年第 4 期, 第 36 ~ 37 页。

外文参考文献

［1］Aaker, D. A. , 1991, Management Brand Equity, New York: Free Press.

［2］Aaker, D. A. , 1996, "Measuring Brand Equity across Products and Markets" California Management Review, Vol. 38, No. 3, PP102 – 120.

［3］Aaker, J. L. , 1997, "Dimensions of Brand Personality", Journal of Marketing Research, Vol. 34, No. 8, PP347 – 356.

［4］Aaker, J. L, Benet-Martinez, V and Garolera, J, 2001, "Consumption Symbols as Carriers of Culture: a Study of Japanese and Spanish Brand Personality Constructs", Journal of Personality and Social Psychology, Vol. 81, No. 3, PP492 – 508.

［5］Aaker, J. L, Fournier, S. , 1995, "A Brand as a Character, A Partner and a Person: Three Perspectives on the Question of Brand Personality", Advances in Consumer Research, Vol. 22, No. 1, PP391 – 395.

［6］Ajzen, I. and Driver, B. L. , 1991, "Prediction of Leisure Participation from Behavior, Normative and Control Beliefs: An Application of the Theory of Planned Behavior", Leisure Science, Vol. 13, PP185 – 204.

［7］Alexander, N. , 2009, "Brand Authenticity: Creating and Maintaining Brand Auras", European Journal of Marketing, Vol. 43, PP551 – 562.

［8］Moshe, A. , Auke, T. and Niels, W. , 1995, "The Big Seven Model: A Cross-cultural Replication and Further Exploration of the Basic Dimensions of Natural Language Trait Descriptors", Journal of Personality and Social Psychology, Vol. 69, No. 2, PP300 – 307.

［9］Anderson, W. T. , 1990, Reality Isn't What It Used to Be, New York: Harper Collins.

［10］Austin, J. R, Siguaw, J. A and Mattila, A. S. , 2003, "A Re-examination of the Generalizability of the Aaker Brand Personality Measurement Framework", Journal of Strategic Marketing, Vol. 11, No. 2, PP77 – 92.

[11] Azoulay, A and Kapferer, J. N., 2003, "Do Brand Personality Scale Really Measure Brand Personality?", Journal of Brand Management, Vol. 11, No. 2, PP143 – 155.

[12] Bagozzi, R. P. and Yi, Y., 1988, "On the Evaluation of Structural Equation Models", Journal of the Academy of Marketing Science, Vol. 16, No. 1, PP74 – 94.

[13] Baker, S. M. and Kennedy, P. F., 1994, "Death by Nostalgia: A Diagnosis of Context Specific Cases", Advances in Consumer Research, Vol. 21, No. 1, PP169 – 174.

[14] Bao, Y., Zhou, K. Z. and Su, C., 2003, "Face Consciousness and Risk Aversion Do They Affect Consumer Decision-Making?", Psychology & Marketing, Vol. 20, No. 8, PP733 – 755.

[15] Baudrillard, J., 1983, Simulations (Paul Foss, Paul Patton, & Philip Beitchman, Trans), New York: Semiotext.

[16] Belk, R. W. and Costa, J. A., 1998, "The Mountain Man Myth: A Contemporary Consuming Fantasy", Journal of Consumer Research, Vol. 25, No. 12, PP218 – 240.

[17] Belk, R. W., 1988, "Possessions and the extended self", Journal of Consumer Research, Vol. 15, No. 2, PP139 – 168.

[18] Belk, R. W., 1975, "Situational Variables and Consumer Behavior", Journal of Consumer Research, Vol. 2, No. 3, PP157 – 164.

[19] Bendix, R., 1992, "Diverging Paths in the Scientific Search for Authenticity", Journal of Folklore Research, Vol. 29, No. 2, PP103 – 132.

[20] Bentor, Y., 1993, "Tibetan Tourist Thangkas in the Kathmandu Valley", Annals of Tourism Research, Vol. 20, No. 1, PP107 – 137.

[21] Beverland, M. B., Adam, L. and Vink, M. W., 2008, "Projecting Authenticity through Advertising: Consumer Judgments of Advertisers' Claims", Journal of Advertising, Vol. 37, No. 1, PP5 – 16.

[22] Beverland, M. B. , 2005, "Brand Management and the Challenge of Authenticity", Journal of Product & Brand Management, Vol. 14, No. 7, PP460 – 461.

[23] Beverland, M. B. , 2009, Building Brand Authenticity: 7 Habits Iconic Brands, New York: Palgrave Macmillan.

[24] Beverland, M. B. , 2006, "The Real Thing: Branding Authenticity in the Luxury Wine Trade", Journal of Business Research, Vol. 59, No. 2, PP251 – 258.

[25] Beverland, M. B. , 2005, "Crafting brand authenticity: The case of luxury wines", Journal of Management Studies, Vol. 42, No. 5, PP1003 – 1029.

[26] Beverland, M. B. and Farrelly, F. J. , 2012, "The Quest for Authenticity in Consumption: Consumers' Purposive Choice of Authentic Cues to Shape Experienced Outcomes", Journal of Consumer Research, Vol. 36, No. 5, PP838 – 850.

[27] Beverland, M. B. and Luxton, S. , 2005, "The Projection of Authenticity: Managing Integrated Marketing Communications (IMC) through Strategic Decoupling", Journal of Advertising, Vol. 34, No. 4, PP103 – 116.

[28] Beverland, M. B. , Lindgreen, A. and Vink, M. W. , 2008, "Projecting Authenticity through Advertising", Journal of Adverting, Vol. 37, No. 1, PP5 – 15.

[29] Bhattacharya, C. B. and Sankar, S. , 2003, "Consumer-Company Identification: A Framework for Understanding Consumers' Relationships with Companies", Journal of Marketing, Vol. 67, No. 4, PP76 – 88.

[30] Biel, A. L. , 1992, "How Brand Image Drives Brand Equity", Journal of Advertising Research, Vol. 32, No. 6, PP6 – 12.

[31] Bilkey, W. J. and Nes, E. , 1982, "Country-of-origin Effects on Product Evaluations", Journal of International Business, Vol. 13, No. 1, PP89 – 99.

[32] Bontour, A. and Lehu, J. M. , 2002, Lifting de Marque, Paris: Editions d'Organisation.

[33] Boorstin, D. J. , 1987, The Image: A Guide to Pseudo-events in America, New York: Atheneum.

[34] Bosnjak, M, Bochmann, V. and Hufschmidt, T. , 2007, "Dimensions of Brand Personality Attributions: A Person-centric Approach in the German Cultural Context", Social Behavior and Personality, Vol. 35, No. 3, PP303 –316.

[35] Bowen, H. R. , 1953, Social Responsibility of the Businessman, New York: Harper & Brothers.

[36] Broverman, D. M. , Klaiber, E. L. , Kobayashi, Y. and Vogel, W. , 1968, "Roles of Activation and Inhibition in Sex Difference in Cognitive Abilities", Psychological Review, Vol. 75, No. 1, PP23 –50.

[37] Brown, S. , Kozinet, R. V. and Sherry, J. F. , 2003, "Teaching Old Brands New Tricks: Retro Branding and the Revival of Brand Meaning", Journal of Marketing, Vol. 67, No. 3, PP19 –33.

[38] Brown, J. , Cranfield, J. and Henson, S. , 2005, "Relating Consumer Willingness-to-pay for Food Safety to Risk Tolerance: An Experimental Approach", Canadian Journal of Agricultural Economics, Vol. 53, No. 2, PP249 – 263.

[39] Brown, T. J. and Dacin, P. A. , 1997, "The Company and the Product: Corporate Associations and Consumer Product Responses", Journal of Marketing, Vol. 61, No. 1, PP68 –84.

[40] Bruhn, M. , Schoenmüller, V. , Schäfer, D. and Heinrich, D. , 2012, "Brand Authenticity: Towards a Deeper Understanding of Its Conceptualization and Measurement", Advances in Consumer Research, Vol. 40, PP567 –576.

[41] Carroll, A. B. , 1999, "Corporate Society Responsibility: Evolution of a Definitional Construct", Business and Society, Vol. 38, No. 3, PP268 –295.

[42] Cattell, R. B. , 1946. The Description and Measurement of Personality, NY: World Books.

[43] Charmaz, K. , 2006, Constructing Grounded Theory: A Practical Guide through Qualitative Analysis, Vienna: Pine Forge Press.

[44] Chaudhuri, A. and Holbrook, M. B. , 2001, "The Chain of Effects from Brand Trust and Brand Affect to Brand Performance: The Role of Brand Loyalty", Journal of Marketing, Vol. 65, No. 2, PP 81 –93.

[45] Chernatony, L. and McDonald, M. H., 1994, Creating Powerful Brands, London: Butterworth-Heinemann.

[46] Chhabra, D., 2005, "Defining Authenticity and Its Determinants: Toward an Authenticity Flow Model", Journal of Travel Research, Vol. 44, No. 1, PP64 - 73.

[47] Chronis, A. and Hampton, R. D., 2008, "Consuming the Authentic Gettysburg: How a Tourist Landscape Becomes an Authentic Experience", Journal of Consumer Behaviour, Vol. 7, No. 2, PP111 - 126.

[48] Coary, S. P., 2013, Scale construction and effects of brand authenticity. University of Southern California.

[49] Cohen, E., 1988, "Authenticity and Commoditization in Tourism", Annals of Tourism Research, Vol. 15, No. 3, PP371 - 386.

[50] Cohen, E., 1988, "Traditions in the Qualitative Sociology of Tourism", Annals of Tourism Research, Vol. 15, No. 1, PP29 - 46.

[51] Cova, B., 1997, "Community and Consumption: Towards a Definition of the Linking Value of Product or Services", European Journal of Marketing, Vol. 31, No. 4, PP297 - 315.

[52] Cronin, J., Brady, M. K. and Hult, T. M., 2000, "Assessing the Effects of Quality, Value, and Customer Satisfaction on Consumer Behavioral Intentions in Service Environments", Journal of Retailing, Vol. 76, No. 2, PP193 - 218.

[53] Culler, J., 1981, The Pursuit of Signs: Semiotics, Literature, Deconstruction, New York: Cornell University Press.

[54] Daly, A. and Moloney, D., 2004, "Management Corporate Rebranding", Irish Marketing Review, Vol. 17, No. 1/2, PP30 - 36.

[55] Davis, S. and Halligan, C., 2002, "Extending Your Brand by Optimizing Your Customer Relationship", Consumer Marketing, Vol. 19, No. 1, PP7 - 11.

[56] Delgado-Ballester, E, Munuera-Aleman, J, L and Yagüe-Guillén, M. J., 2003, "Development and Validation of a Brand Trust Scale", International Journal of Market Research, Vol. 45, No. 1, PP35 - 53.

[57] DeLyser, D. , 1999, "Authenticity on the Ground: Engaging the past in a California Town", Annals of the Association of American Geographers, Vol. 89, No. 4, PP602 – 632.

[58] Dholakia, U. M. , Bagozzi, R. P. and Pearo, L. K. , 2004, "A Social Influence Model of Consumer Participation in Network and Small-group-based Virtual Communities", International Journal of Research in Marketing, Vol. 21, No. 3, PP241 – 263.

[59] Donna, B. , 1992, "Breathe New Life into Your Old Brand", Management Review, Vol. 81, No. 8, PP10 – 14.

[60] Eagly, A. H. and Johnson, B. T. , 1990, "Gender and Leadership Style: A Meta-analysis", Psychological Bulletin, Vol. 108, No. 2, PP233 – 256.

[61] Eggers, F. , O'Dwyer, M. , Kraus, S. , Vallaster, C. and Güldenberg, S. , 2013, "The Impact of Brand Authenticity on Brand Trust and SME Growth: A CEO Perspective", Journal of World Business, Vol. 48, No. 3, PP340 – 348.

[62] Ekinci, Yuksel and Sameer Hosany, 2006, "Destination Personality: An Application of Brand Personality to Tourism Destinations", Journal of Travel Research, Vol. 45, No. 2, PP127 – 139.

[63] Epstein, S. , 1977, Traits Are Alive and Well, NJ: Lawrence Erlbaum Associates.

[64] Escalas, J. E. and Bettman, J. R. , 2003, "You Are What They Eat: The Influence of Reference Groups on Consumers' Connections to Brands", Journal of Consumer Psychology, Vol. 13, No. 3, PP339 – 348.

[65] Escalas, J. E. and Bettman, J. R. , 2005, "Self-construal, Reference Groups, and Brand Meaning", Journal of Consumer Research, Vol. 32, No. 3, PP378 – 389.

[66] Espejel, J. , Fandos, C. and Flavian, C. , 2009, "The Influence of Consumer Degree of Knowledge on Consumer Behavior: The Case of Spanish Olive Oil", Journal of Food Products Marking, Vol. 15, No. 1, PP15 – 37.

[67] Ewing, D. R. , Allen, C. T. and Ewing, R. L. , 2012, "Authenticity as Meaning Validation: An Empirical Investigation of Iconic and Indexical Cues in a

Context of ' Green ' Product", Journal of Consumer Behavior, Vol. 11, No. 5, PP381 – 390.

[68] Ewing, M. T. , Fowlds, D. A. and Shepherd, R. B. , 1995, "Renaissance: A Case Study in Brand Revitalization and Strategy Realignment", The Journal of Product and Brand Management, Vol. 4, No. 3, PP19 – 26.

[69] Fandos, C. and Flavian, C. , 2006, "Intrinsic and Extrinsic Quality Attributes, Loyalty and Buying Intention: An Analysis for a PDO Product", British Food Journal, Vol. 108, No. 8, PP646 – 662.

[70] Fine, G. A. , 2003, "Crafting Authenticity: The Validation of Identity in Self-Taught Art", Theory and Society, Vol. 32, No. 2, PP153 – 180.

[71] Firat, A. F. and Kholakia, N. , 1998, Consuming People: From Political Economy to Theaters of Consumption, London: Sage Publication.

[72] Firgy, M. J. , 1982, "Self-concept in Consumer Behavior: A Critical Review", Journal of Consumer Research, Vol. 9, No. 3, PP287 – 300.

[73] Fjellman, S. M. , 1992, Vinyl Leaves: What Disney World and America, San Francisco: Westview Press.

[74] Fornell, C. and Larcker, D. F. , 1981, "Evaluating Structural Equation Models with Unobservable Variables and Measurement Error: A Comment", Journal of Marketing Research, Vol. 18, No. 3, PP375 – 381.

[75] Forehand, M. R. , Deshpande, R. and Reed, A. , 2002, "Identity Salience and the Influence of Differential Activation of Social Self-Schema on Advertising Response", Journal of Applied Psychology, Vol. 87, No. 6, PP1086 – 1099.

[76] Fournier, S. , 1998, "Consumer and Their Brands: Developing Relationship Theory in Consumer Research", Journal of Consumer Research, Vol. 24, No. 3, PP343 – 373.

[77] Fred, D. , 1982, "Yearning for Yesterday: A Sociology of Nostalgia", American Journal of Sociology, Vol. 87, No. 6, PP1425 – 1427.

[78] Freling, T. H. , Crosno, J. L. and Henark, D. H. , 2011, "Brand Personality Appeal: Conceptualization and Empirical Validation", Academy of Marketing Science, No. 39, PP. 392 – 406.

［79］Gerard, D. , 1977, Social Science: Beyond Constructivism and Realism, Minneapolis: University of Minnesota Press.

［80］Gilmore, J. H. and Pine Ⅱ, J. , 2007, Authenticity: What Consumer Really Want, Boston, Massachusetts: Harvard Business School Press.

［81］Goffman, E. , 1990, Gender and Advertising, New York: Routledge.

［82］Goldberg, L. R. , 1990, "An Alternative "Description of Personality: The Big Five Factor Structure", Journal of Personality and Social Psychology, Vol. 59, No. 9, PP1216 - 1229.

［83］Goldstein, N. , 2003, "What's Up Doc?", Australian Financial Review Magazine, 2003, No. Sumer, p. 62.

［84］Goldman, R. and Papson, S. , 1996, Sign Wars: The Cluttered Landscape of Advertising, New York: Guildford.

［85］Gordon, G. L, Calantone, R. J. and Benedetto, C. A. , 1999, "Mature Markets and Revitalization Strategies: An American Fable", Business Horizons, Vol. 34, No. 3, PP39 - 50.

［86］Graeff, T. R. , 1996, "Using Promotional Message to Manage the Effects of Brand Self Image on Brand Evaluations", Journal of Consumer Marketing, Vol. 13, No. 3, PP4 - 18.

［87］Grayson, K. and Martinec, R. , 2004, "Consumer Perceptions of Iconicity and Indexicality and Their Influence on Assessments of Authentic Market Offerings", Journal of Consumer Research, Vol. 31, No. 9, PP296 - 312.

［88］Gubrium, J. F. and Hosltein, J. A. , 2001, Handbook of Interview Research: Context and Method, London: Sage Publications.

［89］Gundlach, H. and Neville, B. , 2012, "Authenticity: Further Theoretical and Practical Development", Journal of Brand Management, Vol. 19, No. 6, PP484 - 499.

［90］Gurău Călin, 2012, "A life-stage Analysis of Consumer Loyalty Profile: Comparing Generation X and Millennial Consumers", Journal of Consumer Marketing, Vol. 29, No2, PP103 - 113.

［91］Gusfield, J. , 1978, Community: A Critical Response, New York:

Harper and Row.

[92] Hacking, I. , 1999, The Social Construction of What? Cambridge: Harvard University Press.

[93] Halliday, J. 1996, "Chrysler Brings Out Brand Personalities with 97 Ads", Advertising Age, Vol. 67, No. 40, PP3 - 5.

[94] Han, C. M. , 1989, "Country Image: Halo or Summary Construct?", Journal of Marketing Research, Vol. 26, No. 2, PP235 - 256.

[95] Han, C. M. and Terpstra, V. , 1988, "Country of Origin Effects for Uni-National and Bi-National Products", Journal of International Business Studies, Vol. 19, No. 2, PP235 - 255.

[96] Han, V. T. , 1988, "Country-of-origin Effects for Uni-national and Bi-national Product", Journal of International Business Studies, Vol. 19, No. 2, PP235 - 255.

[97] Harkin, M. , 1995, "Modernist Anthropology and Tourism of the Authenticity", Annals of Tourism Research, Vol. 22, No. 3, PP650 - 670.

[98] Heidegger, M. , 1960, Being and Time: A Translation of Sein und Zeit (J. Stambaugh, Trans), Albany: New York State University Press.

[99] Hem, L. E. , Iversen, N. M. and Nysveen, H. , 2002, "Effects of Ad Photos Portraying Risky Vacation Situations on Intention to Visit a Tourist Destination: Moderating Effects of Age, Gender and Nationality", Journal of Travel and Tourism Marketing, Vol. 13, No. 4, PP1 - 26.

[100] Henru, A. , 1993, Consumer Behavior and Marketing Action, OH: South-west College Publishing.

[101] Herbert, J. B. and Irene, S. B. , 1995, Qualitative Interviewing: The Art of Hearing Data, Thousand Oaks, CA: Sage Publications, Inc.

[102] Ho, D. Y. , 1976, "On the Concept of Face", American Journal of Sociology, Vol. 81, No. 4, PP867 - 884.

[103] Holak, S. L. and Havlena, W. J. , 1992, "Nostalgia: An Exploratory Study of Themes and Emotions in the Nostalgic Experiences", Advances in Consumer Research, Vol. 19, PP380 - 387.

[104] Holbrook, M. B. and Schindler, R. M., 1994, "Age, Sex, and Attitude the Past as Predictors of Consumer' Aesthetic Tastes for Cultural Product", Journal of Marketing Research, Vol. 31, No. 3, PP412 – 422.

[105] Holbrook, M. B. and Schindler, R. M., 1996, "Market Segmentation Based on Age and Attitude Toward the Past Concepts, Methods and Findings Concerning Nostalgic Influences on Customer Tastes", Journal of Business Research, Vol. 37, No. 1, PP27 – 39.

[106] Holbrook, M. B. and Schindler, R. M., 2003, "Nostalgic Bonding: Exploring the Role of Nostalgia in the Consumption Experience", Journal of Consumer Behavior, Vol. 3, No. 2, PP107 – 127.

[107] Holbrook, M. B. and Schindler, R. M., 1989, "Some Exploratory Findings on the Development of Musical Tastes", Journal of Consumer Research, Vol. 16, No. 1, PP119 – 124.

[108] Holt, D. B., 2002, "Why do Brand Cause Trouble? A Dialectical Theory of Consumer Culture and Branding", Journal of Consumer Research, Vol. 29, No. 1, PP70 – 90.

[109] Ilicic, J. and Webster, C. M., 2014, "Investigating Consumer-brand Relational Authenticity", Journal of Brand Management, Vol. 21, No. 4, PP342 – 363.

[110] James, W., 1950, The Principle of Psychology, New York: Dover Publication Inc.

[111] Jenkins, R., 2004, Social Identity (2nd ed.), London: Routledge.

[112] John, O. P., 1990, The Big Five Factor Taxonomy: Dimensions of Personality in the Natural Language and in Questionnaires, Handbook of Personality: Theory and Research, New York: Guilford Press.

[113] Johnson, L. W., Soutar, G. N. and Sweeney., 2000, "Moderators of the Brand Image/Perceived Product Quality Relationship", The Journal of Brand Management, Vol. 10, No. 6, PP425 – 433.

[114] Jonge, J. D., Trijp, H. V., Renes, R. J. and Frewer, L., 2007, "Understanding Consumer Confidence in the Safety of Food: Its Two-Dimensional

Structure and Determinants", Risk Analysis, Vol. 27, No. 3, PP727 – 740.

[115] Justin, B., 2013, "A Closer Inspection of the Impact of Perceived Risk on Purchase Intention of Premium Private Label Brands: The Effect of Age, Gender, Income and Racial Group", Journal of Business & Retail Management Research, Vol. 7, No. 2, PP44 – 56.

[116] Kaikati, J. G. and Kaikaati, A. M., 2003, "A Rose by any Other Name: Rebranding Campaigns that Work", Journal of Business Strategy, Vol. 24, No. 6, PP17 – 23.

[117] Kallgren, C. A., Reno, R. R. and Cialdini, R B., 2000, "A Focus Theory of Normative Conduct: When Norms Do and Do Not Affect Behavior", Personality and Social Psychology Bulletin, Vol. 26, No. 8, PP1002 – 1012.

[118] Kapferer, J-N., 1992, Strategic Brand Management: New Approaches to Creating and Evaluating Brand Equity, London: Kogan Page Limited.

[119] Kates, S. M., 2004, "The Dynamics of Brand Legitimacy: An Interpretive Study in the Gay Men's Community", Journal of Consumer Research, Vol. 31, No. 2, PP455 – 464.

[120] Keller, K. L., 1993, "Conceptualizing, Measuring and Managing Customer-Based Brand Equity", Journal of Marketing, Vol. 57, No. 1, PP1 – 22.

[121] Keller, K. L., 1999, "Managing Brands for the Long Run: Brand Reinforcement and Revitalization Strategies", California Management Review, Vol. 41, No. 3, PP102 – 124.

[122] Keller, K. L., 2003, Strategic Brand Management: Building Measuring and Managing Brand Equity, NJ: Prentice Hall.

[123] Kernis, M. H. and Goldman, B. M., 2006, "A multi-component Conceptualization of Authenticity: Theory and Research", Advances in Experimental Social Psychology, Vol. 38, No. 1, PP283 – 357.

[124] Kennick, W. E., 1985, "Art and Inauthenticity", Journal of Aesthetics and Art Criticism, Vol. 44, No. 1, PP3 – 12.

[125] King, S., 1970, What is a Brand, London: J Walter Thompson Company Limited.

[126] Kozinets, R. V. , 2002, "Can Consumers Escape the Market? Emancipatory Illuminations from Burning Man", Journal of Consumer Research, Vol. 29, No. 1, PP20 - 38.

[127] Kupperschmidt, B. R. , 2000, "Multigeneration Employees: Strategies for Effective Management", Health Care Manage, Vol. 19, No. 1, PP65 - 76.

[128] Kwak, D. H. and Kang, J. H. , 2009, "Symbolic Purchase in Sports: The Roles of Self-image Congruence and Perceived Quality", Management Decision, Vol. 47, No. 1, PP85 - 99.

[129] Kwon, W. S. and Mijeong, N. , 2010, "The Influence of Prior Experience and Age on Mature Consumers' Perceptions and Intentions of Internet Apparel Shopping", Journal of Fashion Marketing & Management, Vol. 14, No. 3, PP335 - 349.

[130] Lafferty, B. A. and Goldsmith, R. E. , 1999, "Corporate Credibility's Role in Consumers' Attitudes and Purchase Intentions When a High Versus a Low Credibility Endorser is Used in the Ad", Journal of Business Research, Vol. 44, No. 2, PP109 - 116.

[131] Leader, A. and Sethi, V. , 1991, "Critical Dimensions of Strategic Information Systems Planning", Decision Science, Vol. 22, No. 2, PP104 - 119.

[132] Lehu, J. M. , 2004, "Back to Life! Why Brands Grow Old and Sometimes Die and What Managers Then Do: An Exploratory Qualitative Research Put into the French Context", Journal of Marketing Communications, Vol. 10, No. 2, PP133 - 152.

[133] Leibenstein, H. , 1950, "Bandwagon, Snob, and Veblen Effects in the Theory of Consumers' Demand", Quarterly Journal of Economics, Vol. 64, No. 2, PP183 - 207.

[134] Leigh, T. W. , Peter, C. and Shelton, J. , 2006, "The Consumer Quest for Authenticity: The Multiplicity of Meanings within the MG Subculture of Consumption", Journal of the Academy of Marketing Science, Vol. 34, No. 4, PP481 - 493.

[135] Locke, K. , 2001, Grounded Theory in Management Research, London: Sage.

[136] Lu, S. and Fine, G. A., 1995, "The Presentation of Ethnic Authenticity: Chinese Food as a Social Accomplishment", Sociological Quarterly, Vol. 36, No. 3, PP535 – 553.

[137] Lyon, P. and Colquhooun, A., 1999, "Selectively Living in the Past: Nostalgia and Lifestyle", International Journal of Consumer Studies, Vol. 23, No. 3, PP191 – 196.

[138] MacCannell, D., 1973, "Stage Authenticity: Arrangements of Social Space in Tourist Settings", American Journal of Sociology, Vol. 79, No. 3, PP589 – 603.

[139] MacCannell, D., 1999, The Tourist, Berkeley: University of California Press.

[140] McAlexander, J. H., Schouten, J. W. and Koenig, H. F., 2002, "Building Brand Community", Journal of Marketing, Vol. 66, No. 1, PP38 – 54.

[141] Marcoux, J., Filiatrault, P. and Cheron, E., 1997, "The Attitudes Underlying Preferences of Young Urban Educated Polish Consumers towards Products Made in Western Countries", Journal of International Consumer Marketing, Vol. 9, No. 4, PP5 – 29.

[142] Margan, A. J., 1993, "The Evolving Self in Consumer Behavior: Exploring Possible Selves", Advances in Consumer Research, No. 20, p. 429.

[143] Matthews, M. R., 1998, Constructivism in Science Education: a Philosophical Examination, Dordrecht: Netherlands Kluwer Academic Publishers.

[144] Meffert, H., Burmann, C. and Kirchgeorg, M., 2012, Marketing-Grundlagen Marktorientierter Unternehmensführung, Gabler, Wiesbaden.

[145] Meyers, L. J. and Sternthal, B., 1991, "Gender Differences in the Use of Message Cues and Judgments" Journal of Marketing Research, Vol. 28, No. 1, PP84 – 96.

[146] Mohr, L. A., Deborah, J. W. and Katherine, E. H., 2001, "Do Consumers Expect Companies to Be Socially Responsible? The Impact of Corporate Social Responsibility on Buying Behavior", Journal of Consumer Affairs, Vol. 35, No. 1, PP45 – 72.

[147] Monroe, K. B. and Krishnan, R., 1985, The Effect of Price on Subjective Product Evaluations, Perceived Quality: How Consumer View Stores and Merchandise, In Jacoby J., and Olson J. (Ed.), MA: D. C. Heath.

[148] Morgan, R. M. and Hunt, S. D., 1994, "The Commitment-Trust Theory of Relationship Marketing", Journal of Marketing, Vol. 58, No. 3, PP20 – 38.

[149] Morhart, F., Malär, L., Guèvremon, t A., Girardin, F. and Grohmann, B., 2015, "Brand Authenticity: An Integrative Framework and Measurement Scale", Journal of Consumer Psychology, Vol. 25, No. 2, PP200 – 218.

[150] Moustaki, I., Joreskog, K. G. and Mavridis, D., 2004, "Factor models for ordinal variables with covariance effects on the manifest and latent variables: A comparison of LISREl and IRT approaches", Structural Equation Modeling, Vol. 11, No. 4, PP487 – 513.

[151] Muniz, J. R. and O'Guinn, T. C., 2001, "Brand Community", Journal of Consumer Research, Vol. 27, No. 3, PP412 – 432.

[152] Murase, H. and Bojanic, D., 2004, "An Examination of the Differences in Restaurant Brand Personality Across Cultures", Journal of Hospitality and Leisure Marketing, Vol. 11, No. 2/3, PP97 – 113.

[153] Murat, A., 2011, "Predicting Consumers' Behavioral Intentions with Perceptions of Brand Personality: A Study in Cell Phone Markets", International Journal of Business and Management, Vol. 6, No. 6, PP193 – 206.

[154] Murray, J. B. and Ozanne, J. L., 1991, "The Critical Imagination: Emancipatory Interests in Consumer Research", Journal of Consumer Research, Vol. 18, No. 2, PP129 – 144.

[155] Napoli, J., Dickinson, S. J., Beverland, M. B. and Farrelly, F., 2014, "Measuring Consumer-based Brand Authenticity", Journal of Business Research, Vol. 67, No. 6, PP1090 – 1098.

[156] Newman, G. and Dhar, R., 2014, "Authenticity is Contagious: Brand Essence and the Original Source of Product", Journal of Marketing Research, Vol. 5, No. 3, PP371 – 386.

[157] Nisbet, R., 1973, The Social Philosophers: Community and Conflict

in Western Thought, New York: Thomas Y. Crowell Company.

[158] Norman, W., 1967, 2800 Personality Trait Descriptors: Normative Operating Characteristics for a University Population, MI: University of Michigan.

[159] Nunnally, J., 1978, Psychometric Theory, New Mc-Graw-Hill.

[160] Pace, S., 2015, "Can a Commercially Oriented Brand be Authentic? A Preliminary Study of the Effects of a Pro-business Attitude on Consumer-based Brand Authenticity", The Journal of Applied Business Research, Vol. 31, No. 3, PP1167 – 1178.

[161] Pandit, N., 1996, "The Creation of Theory: A Recent Application of the Grounded Theory Method", The Qualitative Report, Vol. 2, No. 4, PP1 – 20.

[162] Parasuraman, A., 1997, "Reflections on Gaining Competitive Advantage through Customer Value", Journal of the Academy of Marketing Science, Vol. 25, No. 2, PP139 – 153.

[163] Parasuraman, A., Zeithaml, V. A. and Berry, L. L., 1988, "SERVQUAL: A Multiple-item Scale for Measuring Customer Perceptions of Service Quality", Journal of Retailing, Vol. 64, No. 1, PP12 – 40.

[164] Park, C. W., Jaworski, B. J. and MacInnis, D. J., 1986, "Strategic Brand Concept-Image Management", Journal of Marketing, Vol. 50, No. 4, PP135 – 145.

[165] Pascal, V. J., Sprott, D. E. and Muehling, D. D., 2002, "The Influence of Evoked Nostalgia on Consumers' Responses to Advertising: An Exploratory Study", Journal of Current Issues and Research in Advertising, Vol. 24, No. 1, PP39 – 47.

[166] Paunonen, S. V., Jackson, D. N., Trzebinski, J. and Forsterling, F., 1992, "Personality Structure across Cultures: A Multimethod Evaluation", Journal of Personality and Social Psychology, Vol. 62, PP447 – 456.

[167] Penaloza, L., 2000, "The Modification of the American West: Marketers' Production of Cultural Meaning at the Trade Show", Journal of Marketing, Vol. 64, No. 4, PP82 – 109.

[168] Penaloza, L., 2001, "Consuming the American West: Animating

Cultural Meanings and Memory at a Stock Show and Rodeo", Journal of Consumer Research, Vol. 28, No. 3, PP369 - 398.

[169] Peterson, R. A., 1997, Creating Country Music: Fabricating Authenticity, Chicago: University of Chicago Press.

[170] Peterson, R. A., 2005, "In Search of Authenticity", Journal of Management Studies, Vol. 42, No. 5, PP1083 - 1098.

[171] Peterson, R. A. and Jolibert, A. J., 1995, "A Meta-analysis of Country-of-origin Effects", Journal of International Business Studies, Vol. 26, No. 4, PP883 - 900.

[172] Phau, I. and Lau, K. C., 2001, "Brand Personality and Consumer Self-Expression: Single or Dual Carriageway", Journal of Brand Management, Vol. 8, No. 6, PP428 - 444.

[173] Phau, I. and Lau, K. C., 2000, "Conceptualizing Brand Personality: A Review and Research Propositions", Journal of Targeting, Measurement and Analysis for Marketing, Vol. 9, No. 1, PP52 - 69.

[174] Phillips, D., 1997, Exhibiting Authenticity, Manchester: Manchester University Press.

[175] Pinch, T. J., 1996, The social Construction of Technology: a Review, in Fox, R. ed. Technological Change Methods and Themes in the History of Technology, Harwood Academic Publishers.

[176] Plummer, J. T., 1985, "How Personality Makes a Difference", Journal of Advertising Research, Vol. 24, No. 6, PP27 - 31.

[177] Postrel, V., 2004, The Substance of Style: How the Rise of Aesthetic Value is Remaking Commerce, Culture, & Consciousness, New York: HarperCollins.

[178] Ranaweera, C. and Menon, K., 2008, "For Better or For Worse: Moderating Effects of Relationship Age and Continuance Commitment on the Service Satisfaction-Word-of-Mouth Relationship", Advances in Consumer Research - Latin American Conference Proceedings, Vol. 2, PP26 - 227.

[179] Reed, A. and Forehand, M., 2003, Social Identity and Marketing:

An Integrative Framework, Unpublished, Wharton School of Business, University of Pennsylvania.

［180］Reisenwitz, T. H. , Iyer, R. and Cutler, B. , 2004, "Nostalgia Advertising and Influence of Nostalgia Proneness", Marketing Management Journal, Vol. 14, No. 2, PP55 – 66.

［181］Rio, A. , Belen, R. V. and Iglesias, V. , 2001, "The Effect of Brand Association on Consumer Response", Journal of Consumer Marketing, Vol. 18, No. 5, PP410 – 425.

［182］Boberts, M. , Norman, W. , Minhinnick, N. , Wihoghi, D. and Kirkwood, C. , 1995, "Kaitiakitanga: Maori Perspectives on Conservation", Pacific Conservation Biology, Vol. 2, PP7 – 20.

［183］Rose, R. L. and Wood, S. L. , 2005, "Paradox and the Consumption of Authenticity through Reality Television", Journal of Consumer Research, Vol. 32, No. 9, PP284 – 296.

［184］Sankar, S. and Bhattacharya, C. B. , 2001, "Does Doing Good Always Lead to Doing Better? Consumer Relationship to Corporate Social Responsibility", Journal of Marketing Research, Vol. 38, No. 2, PP225 – 243.

［185］Sawyerr, O. O. , Strauss, J. and Jun, Y. , "Individual Value Structure and Diversity Attitudes: The Moderating Effects of Age, Gender, Race, and Religiosity", Journal of Managerial Psychology, Vol. 20, No. 6, PP498 – 521.

［186］Schallehn, M. , 2014, "Brand Authenticity: Model Development and Empirical Testing", Journal of Product & brand Management, Vol. 23, No. 3, PP192 – 199.

［187］Schau, H. J. and Gilly, M. G. , 2003, "We are What We Post? Self-presentation in Personal Web Space, ［J］. Journal of Consumer Research, Vol. 30, No. 3, PP385 – 404.

［188］Schiffman, L. G. and Kanuk, L. L. , 2000, Consumer Behavior (7th), Wisconsin: Prentice Hall.

［189］Schindler, R. M. and Holbrook, M. B. , 2003, "Nostalgia for Early Experience as a Determinant of Consumer Preferences", Psychology and Marketing,

Vol. 20, No. 4, PP275 – 302.

[190] Schouten, J., 1991, "Selves in Transition", Journal of Consumer Research, Vol. 17, No. 3, PP412 – 425.

[191] Schouten, J. W., McAlexander, J. H. and Koening, H. F., 2007, "Transcendent Customer Experience and Brand Community", Journal of the Academic Marketing Science, Vol. 35, No. 3, PP357 – 368.

[192] Shaharudin, M. R., Hassan, A. A., Mansor, S. W., Elias, S. J., Harun, E. H. and Aziz, N. A., 2010, "The Relationship between Extrinsic and Intrinsic Attribute of Product Quality with Brand Loyalty on Malaysia National Brand Motorcycle/Scooter", Canadian Social Science, Vol. 6, No. 3, PP170 – 182.

[193] Shank, M. D. and Langmeyer, L., 1994, "Does Personality Influence Brand Image?", Journal of Psychology, Vol. 128, No. 2, PP157 – 164.

[194] Shapiro, E., 1997, The Nostalgic Allure of Molten Plastic, New York Times.

[195] Sharon, S., 1990, "The Role of Attitudes Objects in Attitude Functions", Journal of Experimental Social Psychology, Vol. 26, No. 2, PP124 – 148.

[196] Sharpley, R., 1994, Tourism, Tourists & Society, Huntingdon, Cambridgeshire: ELM.

[197] Sierra, J. J. and McQuitty, S., 2007, "Attitudes and Emotions as Determinants of Nostalgia Purchases: An Application Social Identity Theory", Journal of Marketing Theory and Practice, Vol. 15, No. 2, PP99 – 112.

[198] Sirgy, M. J., 1982, "Self-Concept in Consumer Behavior: A Critical Review", Journal of Consumer Research, Vol. 9, No. 3, PP287 – 300.

[199] Smith, A. C., Brian, R. G. and Hans, M. W., 2006, "Brand Personality in a Membership-based Organization", International Journal of Nonprofit and Voluntary Sector Marketing, Vol. 11, No. 3, PP251 – 266.

[200] Spiggle, S., Nguyen, H. T. and Caravella, M., 2012, "More than Fit: Brand Extension Authenticity", Journal of Marketing Research, Vol. 49, No. 6, PP967 – 983.

[201] Stuart, H. and Muzellec, L., 2004, "Corporate Makeovers: Can a

Hyena be Rebranded?", The Journal of Brand Management, Vol. 11, No. 6, PP472 - 482.

[202] Sung, Y. and Tinkham, S. F., 2005 "Brand Personality Structures in the United States and Korea: Common and Culture - Specific Factors". Journal of Consumer Psychology, Vol. 15, No. 4, PP334 - 350.

[203] Supphellen, M. and Gronhaug, K., 2003, "Building Foreign Brand Personalities inn Russia: The Moderating Effect of Consumer Ethnocentrism", International Journal of Advertising, Vol. 22, No. 2, PP203 - 226.

[204] Tajfel, H., 1978, Differentiation between Social Group: Studies in the Social Psychology of Intergroup Relations, London: Academic Press.

[205] Tajfel, H., 1970, "Experiments in Ingroup Discrimination", Scientific American, Vol. 223, No. 5, PP24 - 35.

[206] Tajfel, H., 1982, "Social Psychology of Intergroup Relations", Annual Review of Psychology, Vol. 33, PP1 - 39.

[207] Tajfel, H., Billig, M. G. and Bundy, R. P., 1971, "Social Categorization and Intergroup Behavior", European Journal of Social Psychology, Vol. 1, No. 2, PP149 - 178.

[208] Tajfel, H. and Turner, J. C., 1986, The Social Identity Theory of Intergroup Behavior, Chicago: Nelson Hall.

[209] Tellis, G. J., 1988, "Advertising Exposure, Loyalty, and Brand Purchase: A Two-Stage Model of Choice", Journal of Marketing Research, Vol. 25, No. 2, PP134 - 144.

[210] Thomas, B. J and Sekar, P. C., 2008, "Measurement and Validity of Jnenifer Aaker's Brand Personality Scale for Colgate Brand", Vikalpa, Vol. 33, No. 3, PP49 - 61.

[211] Thompson, C. J., Rindfleisch, A. and Arsel, Z., 2006, "Emotional Branding and the Strategic Value of the Doppelganger Brand Image", Journal of Marketing, Vol. 70, No. 1, PP50 - 64.

[212] Thompson, C. J., Pollio, H. R. and Locander, W. B., 1994, "The Spoken and the Unspoken: A Hermeneutic Approach to Understanding the Cultural

Viewpoints That Underlie Expressed Consumer Meanings", Journal of Consumer Research, Vol. 21, No. 3, PP432 - 452.

[213] Thomson, M. , Macinnis, D. J. and Park, C. W. , 2005, "The Ties that Bind: Measuring the Strength of Consumers' Emotional Attachments to Brands", Journal of Consumer Psychology, Vol. 15, No. 1, PP77 - 91.

[214] Toffler, A. , 1984, Future Shock, New York: Random House Publishing Group.

[215] Trilling, L. , 1972, Sincerity and Authenticity, Cambridge, MA: Harvard University Press.

[216] Tsiotsou, R. , 2006, "The Role of Perceived Product Quality and Overall Satisfaction on Purchase Intentions", International Journal of Consumer Studies, Vol. 30, No. 2, PP207 - 217.

[217] Turner, J. C. , Hogg, M. A. , Oakes, P. J. , Reicher, S. D. and Wetherell, M. , 1987, Rediscovering the Social Group: A Self-eat-egorization Theory, Oxford: Blackwell.

[218] Underwood, R. , Bond, E. and Baer, R. , 2001, "Building Service Brands via Social Identity: Lessons from the Sports Marketplace", Journal of Marketing Theory and Practice, Vol. 9, No. 1, PP1 - 13.

[219] Voss, Z. G. and Cova, V. , 2006, "How Sex Differences in Perceptions Influence Customer Satisfaction: A Study of Theatre Audiences", Marketing Theory, Vol. 6, No. 2, PP201 - 221.

[220] Wallendorf, M. and Arnould, E. , 1991, "We Gather Together: Consumption Rituals of Thanksgiving Day", Journal of Consumer Research, Vol. 18, No. 1, PP13 - 31.

[221] Wang, N. , 1999, "Rethinking Authenticity in Tourism Experience", Annals of Tourism Research, Vol. 26, No. 2, PP349 - 370.

[222] Wang, Z. G. , Mao, Y. N. and Gale, F. , 2008, "Chinese Consumer Demand for Food Safety Attributes in Milk Products", Food Policy, Vol. 33, No. 1, PP27 - 36.

[223] Wansink, B. and Gilmore, J. M. , 1999, "New Uses that Revitalize

Old Brand", Journal of Advertising Research, Vol. 39, No. 2, PP90 – 98.

[224] Wee, T. T., 2004, "Extending Human Personality to Brands: the Stability Factor", Journal of Brand Management, Vol. 11, No. 4, PP317 – 330.

[225] Wattanasuwan, K., 2005, "The Self and Symbolic Consumption", Journal of American Academy of Business, Vol. 6, No. 1, PP179 – 184.

[226] Wiedmann, K. P., Hennigs, N., Schmidt, S. and Wuestefeld, T., 2011, "Drivers and Outcomes of Brand Heritage: Consumers' Perception of Heritage Brands in the Automotive Industry", The Journal of Marketing Theory and Practice, Vol. 19, No. 2, PP205 – 220.

[227] Wong, N. Y. and Ahuvia, A. C., 1998, "Personal Taste and Family Face: Luxury Consumption in Confucian and Western Societies", Psychology & Marketing, Vol. 15, No. 5, PP423 – 441.

[228] Yang, K. S., 1981, "Social Orientation and Individual Modernity among Chinese Students in Taiwan", Journal of Social Psychology, Vol. 113, No. 2, PP159 – 170.

[229] Yoon, C., 1997, "Age Differences in Consumers' Processing Strategies: An Investigation of Moderating Influences", Journal of Consumer Research, Vol. 24, No3, PP329 – 342.